Alex!
Que vença a
preguiça de ler
(e o peso dos tempos)
Carlos [illegible]
27.01.02

A Economia do Ócio

Domenico De Masi

ORGANIZAÇÃO E INTRODUÇÃO

A Economia

Bertrand Russell

Paul Lafargue

do Ócio

SEXTANTE

tradução
Léa Manzi – A Economia do Ócio
Pedro Jorgensen Junior – O Elogio ao Ócio
Carlos Irineu W. da Costa – O Direito ao Ócio
preparo de originais
Luisella Ancis
Regina da Veiga Pereira
revisão
Sérgio Bellinello Soares
capa
Victor Burton
projeto gráfico e diagramação
Angelo Allevato Bottino
Valéria Facchini de Mendonça
fotolitos
Mergulhar Serviços Editoriais Ltda.
impressão e acabamento
Donnelley-Cochrane Gráfica e Editora do Brasil Ltda.

CIP-BRASIL. CATALOGAÇÃO-NA-FONTE
SINDICATO NACIONAL DOS EDITORES DE LIVROS, RJ.

D32e De Masi, Domenico, 1938–
A economia do ócio / Bertrand Russell, Paul Lafargue; Domenico De Masi, organização e introdução ; tradução Carlos Irineu W. da Costa, Pedro Jorgensen Júnior e Léa Manzi – Rio de Janeiro : Sextante, 2001

Tradução de: Economia dell'ozio
Conteúdo: A economia do ócio / Domenico De Masi – O elogio ao ócio / Bertrand Russell – O direito ao ócio / Paul Lafargue
ISBN 85-86796-87-5

1. Trabalho e trabalhadores. 2. Horário de Trabalho.
I. Russell, Bertrand, 1872–1970. O elogio ao ócio. II. Lafargue, Paul, 1842-1911. O direito ao ócio. III. De Masi, Domenico, 1938–. A economia do ócio. IV. Título. V. Título: O elogio ao ócio. VI. Título: O direito ao ócio. VII. Série.

01-0600. CDD 331.1
CDU 331.1

Editora Sextante (GMT Editores Ltda.)
Av. Nilo Peçanha, 155 – Gr. 301 – Centro
20020-100 – Rio de Janeiro – RJ
Tel.: (21) 524-6760 – Fax: (21) 524-6755
Central de Atendimento: 0800-22-6306
E-mail: atendimento@esextante.com.br
www.esextante.com.br

Sumário

Aos meus queridos amigos
Oscar Niemeyer e Roberto D'Avila.

Domenico

Para Ler na Rede

Basta que se fale em "rede" e o leitor, doente de hiperatividade, pensa logo na Internet, a quintessência da neurose americana. E é só mencionar a "rede" que aquele outro leitor, sábio na arte de viver, pensa logo em se balançar nela, no sumo da cultura brasileira.

A rede de balanço talvez seja o objeto que tenha o *design* mais bonito e prático entre todos aqueles criados pelo homem. Obra incomparável de um ignoto artista popular, desejoso de oferecer aos próprios sonhos um leito suave e flexível, macio e arejado, no qual pudesse se embalar e se deitar, desabrochar e florir.

Os livros desta coleção são pensados para a rede, para ler na rede, símbolo e lugar ideal do ócio criativo do século XXI, assim como a cadeia de montagem foi o símbolo e o lugar ideal da laboriosidade alienada do século XX.

Esta coleção deseja proporcionar momentos agradáveis de pausa e descanso a todos aqueles que alimentam suspeitas quanto à validade de uma vida competitiva e tendem, assim, a privilegiar as virtudes sublimes: a introspecção, a amizade, o amor, o jogo e a diversão num convívio prazeroso.

Domenico De Masi

Domenico De Masi

A Economia do Ócio

A Economia do Ócio

Inversão de rota

Em dois livros – *O Futuro do Trabalho* e *O Ócio Criativo* – tentei demonstrar, cientificamente, que estamos vivendo no meio de uma revolução de época: o nascimento da sociedade pós-industrial. Revolução comparável a duas outras transformações igualmente decisivas na história humana: a revolução agrícola, que há sete mil anos determinou o surgimento da civilização rural, e a revolução industrial, que no final do século XVIII determinou o advento da produção e do consumo de massa.

Se a sociedade rural tinha no centro do seu sistema a produção agrícola e os proprietários da terra, se a sociedade industrial destronou estes protagonistas, colocando em seu lugar a produção em série de bens materiais e os proprietários das fábricas, a sociedade pós-industrial decididamente privilegia a produção de bens imateriais (serviços, informações, símbolos, valores e estética) e os produtores de idéias.

Por outro lado, a ação conjunta do progresso tecnológico, do desenvolvimento organizacional, da globalização, dos meios de comunicação e da escolarização difusa provocou, em muitas áreas do mundo, uma duplicação da longevidade, assim como uma drástica redução do tempo humano necessário para a produção de bens e serviços. O resultado é que para um número crescente de pessoas o tempo livre prevalece nitidamente sobre o tempo absorvido pelo trabalho.

Portanto, a minha tese é de que chegamos a um ponto de inversão de rota, talvez irreversível: pela primeira vez, após a civilização grega, o trabalho já não representa mais a categoria geral que explica o papel dos indivíduos e da coletividade. Pela primeira vez, depois da Atenas de Péricles, são o tempo livre e a capacidade de valorizá-lo que determinam o nosso destino não só cultural como também econômico.

Isso explica o título do livro, *A Economia do Ócio,* e a idéia de recorrer a dois "clássicos" para garantir à minha tese tanto um suporte sólido quanto dois ilustres antepassados. O leitor encontrará aqui reunidos dois textos tão iluminantes quanto difíceis de serem encontrados: *In Praise of Idleness (O Elogio ao Ócio),* de Bertrand Russell, que analisa o ócio em termos de economia política, e *Droit à la Paresse (O Direito ao Ócio),* de Paul Lafargue, que analisa o ócio em termos de política econômica.

A economia do ócio

No livro *O Futuro do Trabalho* enumerei alguns bons motivos que levam a tratar o ócio sob o perfil econômico. Antes de tudo, a economia é, a partir da sua própria definição, a disciplina especializada no incremento do ócio, propondo-se a estudar os métodos para alcançar o máximo de resultados com o mínimo de esforço. Somente o uso distorcido desta áurea ciência que é a economia pôde reduzi-la ao papel de intrometida politiqueira, de cortejada conselheira dos príncipes, de respeitável especialista na arte da exploração, empregada não para diminuir o tempo de trabalho com paridade de resultados, mas para maximizar os resultados com um tempo de fadiga idêntico. Utilizada, no final das contas, para conseguir que a maioria dos cidadãos seja obrigada a trabalhar cada vez mais e a ociar cada vez menos.

A escolha do título *A Economia do Ócio* quer contribuir – minimamente, na medida que corresponde a um livro simples como este – para a recuperação da ciência econômica como "via ocidental para a arte de ociar": talvez a via que nos seja mais propícia para adquirir um pouco daquela indolência oriental que Herman Hesse indicava como pressuposto imprescindível do pensar criativo.

Em segundo lugar, preferiu-se este título a qualquer outro, porque sendo o ócio, por sua vez, um recurso escasso por definição, deve ser usado e maximizado com uma atenta perícia econômica. Não para reduzi-lo ao extremo, mas para aumentar a sua qualidade e a sua produtividade, em termos de elevação do espírito e de produção das idéias.

Na sociedade industrial, como já disse, o eixo central da economia consistia na produção de bens materiais: objetos como geladeiras, automóveis e assim por diante. Portanto, produtividade consistia em produzir o maior número de objetos desse tipo no menor espaço de tempo possível. Hoje, na sociedade pós-industrial, o baricentro da economia deslocou-se para a produção de bens imateriais, isto é, de idéias. Portanto, a produtividade agora consiste em obter a máxima quantidade de idéias no menor tempo possível.

Para a constante otimização desta relação produção-tempo em setores como o *design,* a moda, o cinema, o turismo, a pesquisa científica, a inovação tecnológica e a *new economy,* devemos aplicar hoje a mesma obstinada economia científica usada por Taylor na sua época para maximizar a eficiência das indústrias metalúrgicas da Filadélfia.

Dar ênfase à economia no título do livro pareceu-me um expediente explícito e eficaz para chamar a atenção dos muitos trabalhadores tomados por um excesso de laboriosidade, na esperança pedagógica de que alguns deles, seduzidos pelo título, que deixa entrever até no ócio oportunidades inéditas de fazer um bom negócio, acabem lendo estas páginas tentadoras e – sabe-se lá! – redentoras.

Mas esse título é igualmente motivado por uma certa pretensão científica. Sabemos bem que, dentre todos os termos usados para expressar um afastamento do trabalho (preguiça, greve, vida à toa, apatia, vadiagem, indolência, vagabundagem, etc.), somente *otium* gozou de uma acepção positiva, pelo menos na antigüidade clássica. Finalmente, hoje este termo pode ser reavaliado. Através do direito ao trabalho, o homem realizou a sua condição industrial; através do direito ao ócio, o homem realizará a sua condição pós-industrial. É necessário ascender do humanismo do trabalho ao humanismo do ócio. Isto nos é agora permitido graças ao nível de tecnologia e de escolaridade difusa que atingimos: aquele direito ao ócio, gozado pelos aristocratas e pelos grandes herdeiros do Renascimento, mas que sempre permaneceu utópico para os operários industriais, é finalmente realizável pelos executivos, empresários e dirigentes, pelos profissionais liberais e por todos os envolvidos em criação na nossa sociedade pós-industrial. Com a condição de que eles não só se conscientizem, mas também se disponham a lutar alegremente contra os burocratas e contra os hiperativos alienados. E que se dêem conta de que a contraposição entre o trabalho e o ócio, ou entre o trabalho e o lazer, só faz sentido em relação às velhas tarefas executivas. Sendo assim, eles devem se empenhar na saudável, e agora realística, tentativa de combinar o trabalho com o estudo e com a diversão, fazendo destas atividades uma síntese inovadora e fecunda.

O trabalho criativo requer "tempo integral": alguém empenhado em resolver um problema cuja solução comporte uma idéia nova (seja ele um artista, um publicitário, um profissional liberal, um empresário ou um artesão) não pode interromper o pensamento perdendo o fio da meada, como fazia o operário que, ao soar da sirene, largava o serviço na cadeia de montagem. Quando aquele que cria tem um problema na cabeça, seu cérebro trabalha sem cessar, esteja ele no escritório, em casa, acordado, dormindo, entre o sono e o despertar, até chegar à intuição genial, o *insight* revelador da solução.

Na linha de montagem, o operário perdia o sentido da sua identidade como homem, acabando por identificar-se com a máquina. O trabalho criativo também aliena: o ser criativo não vive em si, mas na sua obra de arte. Mas entre a obra de arte e o seu criador existe uma simbiose muito mais sólida do que aquela que ligava, de forma transitória, o operário ou o empregado ao produto final produzido em série. Enquanto a alienação do trabalhador executivo "esvazia", a alienação do trabalhador criativo "enche". O produto da obra executiva pertence ao patrão do trabalhador, já a obra criativa, mesmo quando é vendida ao patrão ou a terceiros, continua pertencendo ao seu autor para sempre: tanto a assinatura como a *griffe* valorizam a obra e representam bem essa paternidade. Se o trabalhador executivo marca a peça para que possa vir a ser responsabilizado por eventuais defeitos, o trabalhador criativo assina a obra para que os méritos lhe possam ser atribuídos para sempre.

A economia industrial era baseada na produção em série e no

consumo de bens materiais, na utilidade marginal destes bens e na possibilidade de contá-los, pesá-los e medi-los. Por este motivo, ela aprimorou sobretudo os métodos para compreender e aperfeiçoar fenômenos de natureza métrico-decimal. Esta economia sente-se incomodada diante de recursos intangíveis, como as idéias, os valores, a estética, e é tentada a aplicar – de forma desajeitada –, também a estes, os mesmos parâmetros e os mesmos métodos desenvolvidos em função dos bens tangíveis. Tentativas como aquela realizada por Ruskin, quando esboça uma teoria autônoma sobre a economia da arte, ainda são bem raras. Nasce então a necessidade de se fundar uma economia pós-industrial da criatividade e do ócio, dois termos ligados entre si de forma indissociável.

Por fim, o título desta obra deseja recordar que o próprio livro é marcado pela economia do ócio: reúne, num só volume, dois textos difíceis de serem encontrados, facilitando assim uma leitura comparada e pretendendo ajudar o leitor – provavelmente um trabalhador extremamente ativo – a utilizar com a máxima produtividade o seu tempo ocioso, escasso por definição.

O ócio dos não-ociosos

Mas há também um outro motivo, completamente pessoal, pelo qual me comprazo em abordar o tema do ócio sob um ponto de vista econômico. O fato de retornar com tanta insistência à temática do ócio deve ser culpa também do meu avô materno. Ele era cirurgião numa cidadezinha do sul da Itália, rica na produção de cereais e frutas, porém paupérrima em termos de tecnologia e de informação. Convicto de que o futuro se apoiava na agricultura tradicional, preferiu investir toda a sua poupança na aquisição de terrenos agrícolas, preterindo assim os terrenos edificáveis ou, o que teria sido melhor ainda, as ações da Fiat. A conseqüência disso é que eu, seu neto, passadas duas gerações, ainda sou obrigado a trabalhar arduamente.

A genealogia familiar estabeleceu as premissas. A incoerência pessoal é responsável pelo resto, induzindo-me a labutar com teimosa satisfação, embora vagueie e teorize o tempo todo sobre uma fabulosa idade do ócio proximamente vindoura. Aliás, é sabido que os hiperativos fogem do ócio como se fosse a peste, mas adoram falar dele, sonhar com ele, auspiciá-lo e, sobretudo, exigi-lo dos outros. Marx, por exemplo, confessou: "Combato pela legalização da jornada de oito horas para os operários, mas no que me diz respeito sou um promotor de longas jornadas de trabalho." Hermann Hesse escreveu um artigo sobre "A Arte do Ócio" e, mais tarde, reconheceu: "Se no fundo eu não fosse uma pessoa extremamente trabalhadora, não sei como poderia ter tido a idéia de conceber hinos e teorias para exaltar o ócio. Os ociosos por natureza, estes ociosos geniais, não realizam nunca nada parecido." Bertrand Russell inicia o seu livro sobre o ócio com estas palavras: Como a maioria das pessoas de minha geração, cresci ouvindo o ditado: “O diabo sempre inventa uma maldade para quem está de mãos vazias.” Como eu era uma criança muito virtuosa, acreditava em tudo o que me diziam, razão pela qual adquiri esta consciência que me faz trabalhar duro até hoje.

Por sorte, devido à necessidade de sublimar essa contradição entre as palavras e os fatos, brota naqueles que têm que lidar com isso uma natural inclinação ao uso do paradoxo, das tiradas e da ironia. Com exceção de Hermann Hesse, que leva o ócio tão a sério que acaba sendo monótono, todos os demais abordam o tema com a argúcia aprazível de um Russell ou com o furor iconoclasta de um Lafargue.

E tão arguto quanto iconoclasta será também o leitor que tem nas mãos este livro se, provavelmente cansado da labuta, vem procurar conforto exatamente nestas páginas que colocam a nu todo o absurdo do sua extrema atividade, complacente e racionalizada.

O tempo corre como um potro enlouquecido

Se quisermos decodificar esta contradição que, quotidianamente, nos seduz e angustia, devemos partir de alguns dados estatísticos. O homem de Neanderthal vivia em média 250.000 horas e empenhava-se, durante o dia inteiro, em encontrar alimento, se defender das feras e afugentar os insetos. Os nossos bisavós viviam em média 300.000 horas e dedicavam 120.000 à profissão, ao trabalho no campo ou na fábrica. Nós vivemos em média 700.000 horas e gastamos 80.000 trabalhando em escritórios ou girando pelo mundo afora.

Parece que em 1800 o trabalhador médio dispunha somente de 25.000 horas como tempo livre. Atualmente, segundo os meus cálculos, um jovem de vinte anos tem diante de si uma perspectiva de vida não inferior a 530.000 horas. Descontadas as 80.000 horas de trabalho e outras 219.000 para dormir e cuidar do próprio corpo, lhe restam fartas 226.000 de tempo vago. Dito de outro modo, na perspectiva de quem tem vinte anos o trabalho representa somente um sétimo do seu futuro.

Como já disse, o tempo livre aumentou graças ao progresso tecnológico, ao desenvolvimento organizacional e à globalização, que resultaram na produção de uma quantidade sempre crescente de bens e serviços, com um aporte cada vez menor de trabalho humano. E aumentou também graças à higiene, à alimentação, à medicina, à farmacologia, à informação e à escolarização, que permitiram que a duração média de nossas vidas fosse duplicada em apenas duas gerações.

Contudo, temos a sensação de que o tempo disponível não aumentou em nada e que é preciso acelerar os ritmos, apressar-se, programar minuciosamente cada dia para não ficar para trás. Mas ficar para trás em relação a quem? Ou a o quê?

No início do século XX, Tuiavii de Tiavea – um chefe indígena das ilhas Samoa – teve a oportunidade de fazer, numa viagem à Europa, uma espécie de reportagem antropológica sobre os usos e costumes do homem branco, que ele chamava de "Papalagi". Num pequeno capítulo, cujo título era, justamente, "O Papalagi Não Tem Tempo", lê-se: "O Papalagi está sempre insatisfeito com o tempo de que dispõe e se queixa com o Grande Espírito que não lhe concedeu o bastante... Nunca consegui entender bem isto e acredito que se trate de uma grave doença. 'O tempo está fugindo!', 'O tempo corre como um potro enlouquecido!', 'Me dá um pouco de tempo!'. Estas são as lamúrias mais freqüentes do homem branco... Existem Papalagis que afirmam nunca ter tempo. Correm como desesperados, como se estivessem possuídos por demônios, e por onde quer que passem causam danos, provocam desastres e grande alarde porque perderam o tempo deles."

Os paradoxos do tempo

O maior desastre que nós, os Papalagis, poderíamos provocar seria o desperdício de um recurso escasso como o tempo. E conseguimos. Nós nos queixamos de sua fugacidade, porém, diversamente dos indígenas de Samoa, continuamos a utilizá-lo com insensatez.

Dividimos artificialmente a nossa vida em três segmentos: o primeiro é inteiramente dedicado ao estudo, o segundo é inteiramente dedicado ao trabalho e o terceiro não se sabe ao que é dedicado. Nós nos matamos de trabalhar dos trinta aos sessenta anos, para acabar indo de encontro àquela fase cada vez mais longa, mas freqüentemente vazia e tediosa, que chamamos de aposentadoria. O próprio conceito de "aposentadoria", que representava uma conquista dos trabalhadores no tempo em que eram obrigados a um esforço físico que esgotava o corpo, quando a vida média não superava os sessenta anos, hoje soa paradoxal e até ofensivo para todos os trabalhadores intelectuais, ou seja, para a maioria absoluta da força de trabalho, que, quanto mais experiência e cultura acumularam, mais capazes são de produzir idéias.

Devido a uma distribuição arcaica do trabalho e a uma teimosa resistência em modificá-la, freqüentemente encontramos hoje pessoas que se matam trabalhando até doze horas por dia convivendo na mesma família com outras constrangidas à inércia do desemprego.

Por outro lado existem muitos empregados e até diretores que gostariam de trabalhar menos horas por dia para poderem se dedicar mais à família, ao amor, à cultura, à política e ao lazer, enquanto outros permanecem no escritório um tempo sem fim, mesmo quando não têm nada para fazer, somente pelo hábito ou prazer de bater papo com os colegas, de fazer obsequiosa companhia ao chefe e de escapar das tarefas domésticas e do vazio do tempo livre para o qual não são psicologicamente preparados.

Há horários sociais mal programados, de modo que a fruição das lojas, de escolas, dos serviços, dos museus e das bibliotecas fica interditada a quem trabalha.

Há famílias nas quais alguns dos seus membros acabam não se encontrando nunca, devido a turnos desencontrados: mulheres que saem para trabalhar no turno diurno, exatamente na hora em que seus maridos estão voltando para casa do turno noturno. Filhos que, após terem feito o dever de casa, saem com os amigos na hora em que os pais estão voltando do trabalho.

Há pais que não podem gozar das próprias férias porque, justamente nas semanas disponíveis, os filhos têm que freqüentar a escola.

Há horários demasiadamente sincronizados, de modo que todo mundo sai para trabalhar na mesma hora do dia, todos vão para a casa de campo ou de praia na mesma noite de sexta-feira, todo mundo sai e volta das férias nas mesmas datas durante o verão, fazendo com que o trânsito se torne lento, se perca tempo e aconteçam inúmeros acidentes mortais.

Há uma rejeição obtusa e persistente tanto contra o teletrabalho, que permitiria que se evitasse o tormento dos deslocamentos repetitivos, quanto contra as novas tecnologias, que propiciariam a obtenção, sem sair de casa, de todos os documentos e atestados que a burocracia insiste em requerer.

Há ainda uma pressão psicológica que impõe a dedicação ao trabalho de corpo e alma, em nome da família com as suas bocas para encher, em função do consumismo com o seu luxo para ostentar e em obséquio à religião com seus pecados para redimir. E assim, nossos pais, professores, até nossos chefes, todos nos educam e nos induzem ao trabalho, enquanto ninguém nos instiga e nos forma para o tempo livre.

Há anátemas contra o ócio como o pai dos vícios, como perigoso promotor do enfraquecimento das virtudes, como a antecâmara de todas as perversões, como ocasião de tédio, violência e uso de drogas. E há uma excessiva aprovação do trabalho como se ele possuísse a virtude milagrosa de transformar todos em virtuosos, maduros, livres, dignos de mérito e felizes.

Por que se poderia trabalhar cada vez menos

Calcula-se que cada cidadão ateniense, no período de Péricles, se servisse, em média, de sete escravos. Isto lhe permitia dedicar-se ao estudo, à ginástica, à gestão da coisa pública, à filosofia e à estética, criando as obras-primas jamais superadas que a Grécia legou à humanidade. Hoje se calcula que os habitantes dos países industrializados tenham à sua disposição próteses mecânicas, máquinas, equipamentos, computadores, equivalendo a, aproximadamente, trinta e três escravos. Contudo, tem-se a sensação de que há menos tempo do que no passado para cultivar a propensão à arte, à vocação civil, à reflexão filosófica e às relações sociais.

As máquinas absorveram de forma crescente o trabalho humano, mas não liberaram o homem do trabalho. Não lhe restituíram o tempo. Quanto mais o homem delega à maquinaria o esforço físico, mais se vê tentado a preencher o tempo que lhe sobra multiplicando suas preocupações intelectuais. E como estas preocupações são todas reguladas por normas, acordos, contratos, controles e prazos, enquadram-se muito mais na natureza do trabalho que na do tempo livre

Os seres humanos nunca ficam parados, nem com o corpo, nem com a mente: até quando dormem os membros se agitam e o cérebro sonha. É só por uma convenção que algumas atividades são chamadas de trabalho, devendo adequar-se a regras precisas e possuindo valor de troca. Uma mulher que cuida do filho ou um jovem que estuda numa faculdade não são considerados trabalhadores e não recebem pagamento. Se a mesma mulher estiver cuidando do filho de outra pessoa, ou o mesmo jovem for encarregado do setor de pesquisas de um banco, não só são considerados trabalhadores como recebem salários.

Nos últimos dois séculos, a sociedade industrial tentou estabelecer uma separação tão precisa quanto artificial entre o tempo dedicado ao estudo e ao aprendizado, o tempo dedicado ao trabalho e aos negócios e o tempo dedicado ao descanso, à diversão e ao cultivo do prazer. Esta separação foi imposta pela própria natureza do trabalho, que, organizado de forma industrial para a grande maioria dos trabalhadores, requeria espaços específicos e maquinaria volumosa, barulhenta e perigosa, não conciliáveis com a vida e com o ambiente domésticos.

Quando, no final do expediente, soava a sirene e os trabalhadores saíam da fábrica, os seus meios de produção – a cadeia de montagem, o alto-forno, o torno, a prensa – permaneciam confinados dentro dos muros da oficina, e os trabalhadores procuravam se distrair, não mais pensando no trabalho até o dia seguinte. Vida e trabalho eram claramente distintos: "Quando trabalhamos devemos trabalhar", escreveu Henry Ford no início do século passado, "quando jogamos devemos jogar. De nada serve tentar misturar as duas coisas. Devemos ter como único objetivo desempenhar uma tarefa e receber o pagamento devido. Quando acaba o trabalho, aí então pode começar o jogo, mas não antes." E mesmo no final do século XX, os sociólogos e os economistas, ainda arraigados a uma visão industrial do trabalho, fizeram coro com Ford: "É melhor que o trabalho e a vida estejam separados", escreveu o conhecido estudioso italiano Aris Arcosero. "O trabalho e a vida têm lógicas e culturas diversas e a riqueza da existência consiste em alternar os seus tempos e os seus ambientes. A justaposição do trabalho e da vida é um mito a ser esconjurado."

Em 1956, pela primeira vez no mundo, os colarinhos-brancos, encarregados das tarefas intelectuais, superaram os macacões-azuis, encarregados das tarefas físicas. Começou nos Estados Unidos, mas, aos poucos, ocorreu em todos os outros países industrializados, dando vida à sociedade pós-industrial.

Em 1995, sempre nos Estados Unidos, pela primeira vez as vendas de computadores superaram as vendas de aparelhos televisores, assim como o número de mensagens enviadas pelo correio eletrônico superou a quantidade de correspondência em papel enviada por correio tradicional, decretando oficialmente o nascimento da *new economy*.

Nessa situação radicalmente modificada, a relação entre o trabalho e a vida também sofreu mudanças profundas. Em termos formais e contratuais, a duração do tempo de trabalho reduziu-se de forma drástica para a grande maioria dos trabalhadores manuais e executivos. Tomemos como exemplo os cálculos que o economista Nicola Cacace realizou para a Itália. Há cem anos o número de italianos empregados era de 15 milhões, cada um trabalhando em média 3.100 horas por ano, num total de 47 bilhões de horas. Atualmente os trabalhadores italianos somam 20 milhões e o número de horas anuais de trabalho é de 1.750, num total de 35 bilhões de horas. Resumindo, em relação a um século atrás, os italianos trabalham 12 bilhões de horas a menos. E ainda assim, graças à ajuda das máquinas, produzem treze vezes mais.

Como a vida média prolongou-se, atualmente, além da riqueza, aumentou também o tempo livre, que agora representa o triplo do tempo dedicado ao trabalho.

Por que se acaba trabalhando cada vez mais

Em todos os países industrializados o processo foi mais ou menos análogo ao italiano. Porém, para algumas figuras profissionais – particularmente os administradores e os operadores da *new economy* –, a existência compreendida entre os trinta e os sessenta anos tornou-se um inferno: trabalham da manhã até a noite, celulares tocam o tempo todo e em todo canto, ritmos frenéticos, falta de férias, falta de finais de semana livres e uma vida privada reduzida a um tedioso pano de fundo. Para esses trabalhadores forçados, a carga semanal supera sempre mais freqüentemente as quarenta horas introduzidas em 1938 nos Estados Unidos como conquista sindical.

Tudo isso deriva de uma desmedida ambição de eficiência e de uma alienante corrida ao sucesso, aceleradas pela autocomplacência do capitalismo competitivo, hiperexcitado pela vitória histórica sobre o comunismo.

Mas, além desse motivo perverso, há também um outro, estrutural, que favorece a expansão do trabalho na nossa vida quotidiana.

Para os trabalhadores que desempenham tarefas flexíveis, intelectuais e criativas é objetivamente difícil separar o trabalho do resto de suas vidas. De fato, toda atividade que envolve idéias e criação utiliza como instrumento para a obtenção de idéias sobretudo o cérebro, que, diversamente dos velhos meios de produção, como o torno ou a linha de montagem, é indissociável do trabalhador e o acompanha em qualquer lugar, dentro ou fora do escritório, carregando consigo as suas preocupações.

Apesar da permanência de alguns dos velhos ritos empresariais de separação entre a vida e o trabalho – os portões, as portarias, os relógios de ponto com os seus cartões, os vigias e os horários de entrada e de saída estipulados por contrato –, a vida penetrou na empresa e o trabalho difundiu-se pela vida afora. Todo aquele que trabalha com idéias carrega consigo os problemas relacionados ao próprio trabalho vinte e quatro horas por dia, em qualquer lugar que esteja, o que quer que esteja fazendo. Não mais se trata de expansão do horário de trabalho, mas sim de uma mistura inextricável entre o trabalho e a vida.

Na impossibilidade de separá-las, mais vale conjugar essas duas categorias, unindo-as numa síntese equilibrada e feliz, traduzindo-as nisso que eu chamo de "ócio criativo", de acordo com o que antecipava a sábia máxima zen: "Quem é mestre na arte de viver distingue pouco entre o trabalho e o tempo livre, entre a própria mente e o próprio corpo, entre a sua educação e a sua recreação, entre o seu amor e a sua religião. Com dificuldade sabe o que é uma coisa e outra. Busca simplesmente uma visão de excelência em tudo que faz, deixando que os outros decidam se está trabalhando ou brincando. Ele pensa sempre em fazer ambas as coisas ao mesmo tempo."

Lafargue: direito ao ócio

Quando as fábricas eram movidas a vapor, quando ainda não existia nem a energia elétrica, nem o motor de explosão, Lafargue já antevia as maravilhas da fábrica automatizada e concluía o seu opúsculo panfletário com profético entusiasmo: "As nossas máquinas, com a respiração de fogo, com os membros de aço, incansáveis, com sua fecundidade maravilhosa e inexaurível, cumprem, docilmente, sozinhas, seu próprio sagrado trabalho (...). A máquina é o redentor da humanidade, o Deus que resgatará os homens da sórdida arte e do trabalho assalariado, o Deus que lhe oferecerá o dom do ócio e da liberdade."

É o caso de nos perguntarmos o que ele exclamaria hoje diante do computador, do robô, da inteligência artificial e das biotecnologias. Que propostas apresentaria em louvor do direito ao ócio, com que desprezo apontaria o dedo para as organizações que obtusamente se obstinam em subutilizar as extraordinárias possibilidades oferecidas pelas novas tecnologias, capazes de atingir com o teletrabalho até as áreas subdesenvolvidas, capazes de liberar milhões de administradores, profissionais liberais, empregados e operários da neurose da hiperatividade, da preocupação com a concorrência global e do frenesi da guerra de todos contra todos.

Com certeza Lafargue, que já em 1880 considerava o ócio como um direito, atualmente o indicaria como um dever.

Nascido em 1842 em Santiago de Cuba, numa família em parte francesa, em parte crioula e em parte judia, aos nove anos foi levado para a França, onde, depois de concluir os estudos secundários, inscreveu-se e se formou na faculdade de medicina. Foi freqüentando o ambiente estudantil do conhecido Quartier Latin que absorveu as ideologias do positivismo, do materialismo e do socialismo, primeiro proudhoniano e em seguida marxista. Em 1865 encontra Marx em Londres e Blanqui em Liège. Em Londres, "o belo jovem, inteligente, enérgico e bem desenvolvido fisicamente", como foi descrito pelo próprio Marx, conheceu a filha deste último, Laura, bonita, inteligente e fascinante no esplendor dos seus dezoito anos. Pouco depois os dois jovens se tornaram "quase noivos" (sempre nas palavras de Marx) e, decorridos três anos, se casaram. Engels serviu como testemunha principal às núpcias.

Da união nasceram três filhos, que morreram em tenra idade. Lafargue adquiriu com isso um desgosto pela medicina, que abandonou para dedicar-se à fotolitografia, à gravura, mas sobretudo à política revolucionária, de forma profissional. Muito ativo na Internacional Socialista, tanto na França como na Espanha, Paul foi preso várias vezes: o folheto *O Direito ao Ócio* foi concluído no cárcere de Sainte-Pélagie.

Na tarde de 26 de novembro de 1911, Paul e Laura, que viviam então em Draveil, visitaram Paris, onde foram ao cinema e passearam. De noitinha, voltaram para Draveil e conversaram alegremente com a família do jardineiro, tratando de assuntos corriqueiros, antes de se recolherem aos seus aposentos. Na manhã seguinte, ambos foram encontrados mortos, com aspecto sereno. Sobre a mesa, uma carta escrita por Paul dizia: "São de corpo e de mente, eu me mato antes que a velhice impiedosa, que me retirou um por um os prazeres e as alegrias da existência e que me privou dos recursos físicos e intelectuais, paralise a minha energia e destrua a minha vontade, fazendo com que eu me torne um peso para mim mesmo e para os demais." Ele tinha setenta anos; ela, sessenta e cinco.

Muito se discutiu sobre a natureza desse gesto, que sempre me pareceu evidente e sobre cujo significado a última carta não deixa dúvidas: diante da necessidade de renunciar ao ócio, diante da perspectiva de se tornar um peso para os demais, privando-os de seu próprio ócio, Lafargue escolhe a via ociosa de ir embora de fininho, junto com a linda companheira a quem sempre amou.

O Direito ao Ócio, publicado sob forma de artigos no jornal *L'Égalité,* chamou imediatamente a atenção do público de esquerda, seja por seu conteúdo, seja pela forma paradoxal que o autor voltou a adotar sete anos depois, num outro opúsculo – *La Réligion du Capital* (A religião do capital) – destinado a se tornar igualmente famoso.

Proclamando o direito ao ócio como única forma de equilíbrio existencial, Lafargue não se posiciona contra o trabalho em si (o qual, ao contrário, considera "um ótimo tempero para o ócio"), mas o contrapõe a outros direitos, então defendidos para os operários: o direito ao trabalho, reivindicado pelos revolucionários de 1848; o direito à preguiça *(droit à l'oisivité)*, defendido por Moreau-Christophe; o direito ao lazer *(droit au loisir)*, de que muitos já então tratavam; e o direito ao prazer *(droit au plaisir)*, que será teorizado mais tarde por Henri Rochefort.

O resultado da operação político-literária é instrutivo, dessacralizado e sarcástico, como se pode facilmente comprovar com a aprazível leitura do texto.

O trabalho como paixão funesta

Na época em que Lafargue escrevia seus artigos sobre o ócio, a divisão do trabalho na Inglaterra era mais ou menos a que fora levantada pelo recenseamento de 1861: uma população total de 20 milhões, dentre a qual 1.098.000 trabalhadores agrícolas e 1.600.000 operários têxteis, metalúrgicos e siderúrgicos.

Os privilegiados (aristocratas, grandes herdeiros, empresários) tinham ao seu serviço direto ou indireto 1.200.000 indivíduos, entre os quais mordomos, garçons, cocheiros, pajens, uma multidão imponente e variada de pessoal dedicada "exclusivamente a satisfazer os gostos dispendiosos e fúteis das classes ricas": bordadeiras, rendeiras, estilistas, decoradores, cabeleireiros e esteticistas de todos os tipos. A estes somavam-se militares, policiais e magistrados, "burocratas mantidos no ócio da improdutividade atarefada".

Em outras palavras – segundo a descrição de Lafargue –, de um lado havia a classe dos operários, cada vez mais imprensados pelos ritmos da produção industrial, dilacerados na própria carne e com os nervos arrebentados, obrigados ao "papel de máquina fornecedora de trabalho sem trégua nem remissão", intelectualmente degradados e fisicamente deformados pelo esforço e abstinência a eles impostos. De outro lado estava a classe dos capitalistas "condenados ao ócio e ao prazer forçado, à improdutividade e ao superconsumo". No meio havia a estupidez astuta dos mexeriqueiros encarregados do desperdício vistoso dos ricos.

As únicas classes que naquele tempo realmente amavam o próprio trabalho eram os agricultores, que cultivavam curvados sobre a própria terra, e os pequenos comerciantes, grudados nas suas bodegas. Todos estes se agitavam como toupeiras em galerias subterrâneas, sem nunca levantar suas costas para apreciar a natureza à vontade.

Diante de uma desigualdade tão escandalosa, o proletariado deveria ter se rebelado, emancipando a si mesmo e a toda a humanidade do trabalho servil. Em vez disso, permanecia preso na armadilha montada pelo patronato, com a cumplicidade de padres, economistas e moralistas que incutiam incessantemente nos trabalhadores os valores da frugalidade, da mansidão e uma "paixão funesta pelo trabalho, levada ao ponto da exaustão das forças vitais".

Desse modo, enquanto os ricos custodiavam zelosamente o próprio direito ao ócio, os pobres, estupidamente, exigiam o direito ao trabalho: uma tortura de quinze horas por dia na atmosfera insalubre das oficinas, precedidas e seguidas por longas horas de um penoso deslocamento e pelo breve repouso em míseros casebres.

Também não se pode afirmar que a automação tivesse ajudado o trabalhador a recuperar o seu legítimo tempo livre. "Enquanto uma boa operária", calculava Lafargue, "realiza com o fuso não mais do que cinco malhas por minuto, alguns teares circulares fazem até trinta mil no mesmo espaço de tempo. Portanto, cada minuto da máquina equivale a cem horas de trabalho da operária; ou melhor, cada minuto de trabalho da máquina permite à operária dez dias de repouso."

Assim sendo, no setor têxtil, como em todas as indústrias mecanizadas, já no final do século XIX existiam as condições técnicas para que se reduzisse drasticamente o expediente de trabalho e para que se restituísse os trabalhadores ao ócio. Mas, em vez disso, o que acontece? Acontece que "quanto mais as máquinas são aprimoradas, superando o trabalho do homem com maior rapidez e perfeição, mais o operário, em vez de prolongar em igual medida o seu repouso, redobra o ardor, como se quisesse competir com a máquina".

Entregando a alma e o corpo, ingênua e impetuosamente, ao vício do trabalho, produzindo muito mais do que o necessário, os operários contribuíram para a crise de superprodução, criaram os pressupostos para o consumo supérfluo e, em vez de exigirem para si uma vida ociosa como a dos ricos, tiveram a pretensão de estender também aos ricos a obrigação de trabalhar: "quem não trabalhar não comerá"[1].

Supertrabalho e superconsumo

Passados mais de cem anos desde o opúsculo de Lafargue, pode-se afirmar que a única batalha vitoriosa do proletariado é exatamente aquela, equivocada, de estender à burguesia a loucura de ter que se matar de supertrabalho e de estender também a si próprio a doidice de intoxicar-se com o superconsumo, excitados por necessidades fictícias que satisfaziam através de prazeres caros e fúteis.

Se tempos atrás os operários labutavam e os ricos ociavam, agora funcionários, gerentes, profissionais liberais e dirigentes de todos os níveis se agitam, incessantemente, possuídos pelo frenesi da improdutividade atarefada.

Quando o pintor David lhe perguntou como desejava ser retratado, Napoleão respondeu: "Sereno, sobre um cavalo empinado." Desta resposta, verdadeiro licor de sabedoria de um comandante, nasceu o quadro que, no período dos bancos escolares, estimulava a fantasia de todos os meninos europeus.

Enfurecidos sobre um cavalo sereno e manso é como nos parecem hoje inúmeros homens de negócios e vários políticos, muitos profissionais liberais, intelectuais, eclesiásticos ocupadíssimos com questões mundanas, estudantes atormentados pela pressa de entrar no mercado de trabalho e diversos modernos capitães de indústria com a sua vasta corte de executivos que – como *punks* de paletó e gravata – praticam as virtudes marciais e contagiosas da competição global.

Esses guerreiros em tempos de paz, unidos pelo demônio do ativismo, são programados pela família, pela escola, pela empresa e pelos meios de comunicação para rejeitar toda e qualquer tentação de uma sabedoria equilibrada, de repensar a própria vida em termos de amizade, introspecção, jogo, amor e emulação solidária, em detrimento do poder, da posse, do dinheiro e da competitividade destrutiva.

Uma enorme e deletéria indigestão de trabalho e de estresse arruína e neurotiza todo o mundo da *new economy*. Tal como nos tempos de Lafargue, quando o supertrabalho dos proletários proporcionava o excesso de bens para alimentar o consumismo obeso da burguesia, hoje o supertrabalho dos adultos subtrai dos mais jovens a oportunidade de trabalhar, obrigando-os à inércia forçada do desemprego.

Lafargue propunha o objetivo revolucionário de um expediente de apenas três horas diárias para todos os cidadãos. Mas, mesmo que esta meta tivesse sido alcançada, ele temia dois outros problemas resultantes dessa medida: como educar para o ócio e para o consumo um proletariado doente de supertrabalho e de abstinência, e como educar para o trabalho e a sabedoria uma burguesia habituada ao ócio e ao consumismo insensatos.

Hoje temos problemas contrários. Como no mundo somente uma parte minoritária é industrializada ou pós-industrializada, é necessário reeducar a população de alta renda para que aprenda a ociar. E é necessário reeducar a imensa massa de pobres do terceiro mundo, para que aprenda a trabalhar.

Bertrand Russell: elogio ao ócio

Bertrand Russell se ocupa do ócio como conveniência e como arte com uma argúcia semelhante ao rancor com que Lafargue o trata como um direito. Entre a publicação de *O Direito ao Ócio* e de *O Elogio ao Ócio* transcorre um pouco mais de meio século, porém, quando hoje os relemos, o primeiro nos parece um precioso achado de arqueologia política, enquanto o segundo ainda nos delicia com o relampejo de suas brilhantes intuições, flagrantes provocações e antecipações geniais.

Em ambos predomina a consciência de que no passado o ócio opulento de poucos só podia ser garantido com a fadiga brutal de uma massa desesperada de proletários, enquanto agora, finalmente, o ócio de muitos pode ser assegurado graças à contribuição cada vez mais inteligente das máquinas.

Como já foi recordado, quando Lafargue escreveu *O Direito ao Ócio* (em 1880), ainda não existiam os automóveis, a bicicleta era uma invenção recente, a automação dava seus primeiros passos e a máquina a vapor custava a afirmar-se. Isto não impediu Lafargue de identificar a tecnologia como o instrumento de liberação definitiva do castigo bíblico da fadiga: "dócil, incansável, inexaurível e com uma fecundidade maravilhosa, ela trabalha pelo resgate da humanidade", enquanto o ócio, "pai das artes e das mais nobres virtudes", torna-se "o bálsamo para as angústias humanas".

Cinqüenta anos depois – quando enfim a máquina a vapor e a eletricidade já estavam plenamente afirmadas, quando Ford já enchera a América com os carros do "Modelo T", quando tanto o avião como o cinema já haviam se tornado corriqueiros e quando Taylor, Ford e Elton Mayo já haviam realizado suas pesquisas acerca da organização –, Bertrand Russell deposita uma idêntica esperança no desenvolvimento tecnológico, adicionando a este a contribuição do desenvolvimento organizacional: "A guerra demonstrou de maneira incontroversa que, graças à organização científica da produção, é possível assegurar à população do mundo moderno um razoável teor de vida, tirando partido somente de uma pequena parcela das capacidades gerais do trabalho. Se, ao final do conflito, esta organização científica criada para permitir que os homens combatessem e produzissem munição tivesse continuado a funcionar, reduzindo a quatro horas a jornada de trabalho, tudo ficaria melhor. Ao contrário, instalou-se de novo o velho caos."

Bertrand Russell também optou pela veia irônica ao abordar o ócio. Mas, por mais escarnecida e sarcástica que tenha sido a abordagem do revolucionário francês, a do inglês "liberal" não fica atrás em termos de sutileza, cultura e refinamento. Porém o primeiro propõe uma jornada de três horas e ambiciona ser lido pelos operários do século XIX para suscitar a indignação deles. Já Russell propõe uma jornada de trabalho de quatro horas e almeja ser lido pelos intelectuais do século XX, a fim de despertar-lhes a reflexão.

Russell, como bem sabem os leitores, foi não só um grande filósofo, mas também um notável matemático, escritor, divulgador e polemista. O Nobel que lhe foi outorgado em 1950 desejava expressar um reconhecimento à excepcional desenvoltura com que Russell transitava nesses vários campos. Na sua longa vida (nasceu em 1872 e faleceu em 1970), teve a ocasião e a capacidade de influenciar homens e grupos os mais diversos e incrivelmente intrigantes: de Wittgenstein a Keynes, do círculo de Bloomsbury à escola filosófica de Cambridge, dos manifestantes ingleses contra a bomba atômica até os manifestantes sicilianos contra a máfia.

Em 1935, sob o título de *In Praise of Idleness,* reuniu quinze artigos – constituindo cada um deles um capítulo – que haviam sido publicados em diversos jornais da Inglaterra e dos Estados Unidos. Somente o primeiro deles é dedicado explicitamente ao ócio. Se a coletânea, porém, recebeu como título aquele do primeiro capítulo *(O Elogio ao Ócio,* justamente) é porque deve ter havido por parte de Russell a intenção de estimular no leitor uma espécie de caça ao tesouro, descobrindo sozinho o fio de

Ariadne que conduz ao ócio em todas as páginas do volume.

Acredito ter conseguido identificar este fio condutor somente em sete dos quinze capítulos: os outros oito ("Os Antepassados do Fascismo, "Scilla e Cariddi", ou seja, Comunismo e Fascismo, "A Civilização Ocidental", "O Cinismo dos Jovens", "O Conformismo Moderno", "Homens contra Insetos", "Educação e Disciplina" e "Estoicismo e Saúde Mental") parecem-me distantes demais do nosso tema e demasiado ligados a questões da época em que foram originariamente publicados. De resto, o próprio Russell, na breve introdução feita ao livro e aqui omitida por ser irrelevante para nossos fins, explicita em termos muito genéricos o propósito global presente na decisão de reunir num só volume artigos tão disparatados entre si: "Tentarei", escreve ele, "evidenciar os perigos implícitos numa excessiva organização do mundo do pensamento e num zelo excessivo na ação (...). A tese geral que liga os vários ensaios é a seguinte: o mundo sofre por culpa da intolerância e da carolice, e pela errada convicção de que toda ação enérgica é louvável, ainda que mal direcionada. E que a nossa sociedade moderna, tão complexa, necessita refletir com calma, necessita colocar em discussão os dogmas e examinar os mais diferentes pontos de vista com uma ampla abertura do pensamento."

Assim como decidi remover do breve panfleto de Lafargue algumas poucas partes redundantes e desinteressantes para os ociosos leitores do século XXI, permiti-me duas liberdades com o texto de Russell: a primeira foi reproduzir somente os sete capítulos que se enquadram melhor no assunto que nos interessa. A segunda é – com exceção do primeiro capítulo (desde a origem chamado de "O Elogio ao Ócio", como já dissemos) – ter alterado o título de todos os demais, com o intuito de colocar em evidência a relação deles com o tema do ócio. Assim, o título do capítulo "O Saber Inútil" tornou-se "A Cultura do Ócio"; "Arquitetura e Questões Sociais" passou a ser "Arquitetura do Ócio"; "O Midas Moderno" transformou-se em "As Finanças do Ócio"; "Em Defesa do Socialismo" foi renomeado para "A Política do Ócio"; "Dos Cometas" ganhou o título de "Pensamentos Ociosos sobre os Cometas", e, por fim, "O que É a Alma" deu lugar a "Pensamentos Ociosos sobre a Alma".

O deleite cultivado

Na Ética de Nicômaco, Aristóteles classifica a atividade humana em quatro categorias: *prònos,* isto é, o trabalho fisicamente cansativo; *ascolía* é o comércio, ou os negócios; *paidía* equivale ao jogo, e *scholé,* o deleite cultivado.

Quando o trabalho era sobretudo físico, a regra dos monges beneditinos era *et labora,* que significa "reza e trabalha", procura atingir a *scholé* conciliando *prònos* e oração. Agora que o trabalho é sobretudo intelectual, eu proponho que se atinja a *scholé* conciliando estudo, trabalho e jogo. De toda forma, tanto o trabalho como o tempo livre podem proporcionar bons frutos se forem cultivados acuradamente, de modo que o primeiro não se deturpe transformando-se em brutalidade e alienação, e o segundo não degenere em tédio, dissipação, uso de drogas ou violência. Hermann Hesse indica o Oriente como exemplo, onde o ócio é "desenvolvido, administrado e saboreado a ponto de tornar-se uma arte".

Ao contrário do nosso Ocidente, onde tudo conspira para exaltar o trabalho e aviltar o ócio: desencorajando-o, privando-o de sentido e mercantilizando-o. Não é por acaso que a maior parte dos seus sinônimos tem uma conotação depreciativa: fraqueza, vício, negligência, descompromisso, irresponsabilidade, desperdício, indolência, preguiça, desleixo, apatia, vagabundagem e covardia. A preguiça é até considerada um dos sete pecados capitais.

Enquanto diminui o percentual de tempo dedicado ao trabalho na vida pós-moderna, aumentam a atenção, o cuidado, a importância, os investimentos, a formação, a regulamentação e as infra-estruturas ligadas a ele. A família, a escola, os meios de comunicação, as empresas e os Estados dedicam um cuidado constante à preparação profissional de seus filhos, alunos, dependentes e cidadãos. A ligação cada vez mais estreita entre escola e trabalho, entre universidade e empresa é invocada como um sinal imprescindível de modernização pedagógica.

Com relação ao tempo livre acontece o oposto. Atualmente ele ocupa um espaço sempre crescente na nossa existência, a ponto de já representar o triplo das horas formalmente dedicadas ao trabalho. No entanto, a família, a escola e a sociedade continuam a partir do pressuposto de que qualquer pessoa normal é capaz de aproveitar bem o seu tempo livre simplesmente com as aptidões físicas e intelectuais que lhes foram dadas por natureza, sem nenhuma preparação específica. O tempo livre sempre foi considerado menos útil, menos importante, menos ético e menos complexo do que o trabalho, de modo que todos os esforços educacionais sempre foram concentrados neste último. Ninguém antes de Russell havia sustentado que o ócio fosse "um produto da civilização e da educação".

A maioria das pessoas pensa que a produção requer maior competência do que o consumo, assim como o tempo dedicado à empresa exige maiores capacidades do que o tempo dedicado a si mesmo, às pessoas da família e aos amigos.

"A idéia de que o pobre também pode ociar sempre incomodou os ricos", mas as famílias aristocráticas e ricas conhecem muito bem a importância do tempo livre. Por isso construíram para uso próprio palácios e teatros. Pela mesma razão encomendaram a artistas concertos e obras de arte. Por isso se preocupam em confiar seus filhos aos cuidados de governantas poliglotas e colégios de renome, onde a educação para as boas maneiras, para recepções, festas, bailes e viagens recebe uma atenção ainda maior do que o adestramento estritamente profissional.

Para a massa dos cidadãos se fala apenas em como "matar o tempo". O ócio só é levado em consideração enquanto oportunidade de consumo, útil para a economia, embora por vezes perigoso para a inflação, tornando-se freqüentemente uma ameaça à ordem pública. É portanto um segmento de vida coletiva que deve ser controlado, desestimulado ou incentivado, segundo as circunstâncias, transformado em objeto de manipulação através dos veículos publicitários, mas nunca alvo a ser cultivado com uma específica ação pedagógica. Um segmento da vida que os agentes de turismo e todos os outros vendedores de sonhos disputam para planificar e colonizar, visando aumentar não a felicidade dos ociosos, mas os lucros dos comerciantes.

O único fator capaz de atenuar essa política inescrupulosa é que só nos últimos decênios a vida média começou a aumentar, a carga horária prevista nos contratos de trabalho passou a diminuir e o tempo livre tornou-se um fenômeno de massa. Quando ele ainda era escasso, tornava-se muito fácil para todos preenchê-lo com alguma coisa agradável. Agora que supera duzentas mil horas, só uma séria preparação pode liberá-lo da angústia do tédio. "Num sistema social deste tipo", escreve Russell, "é essencial que a instrução seja mais abrangente do que é agora e que objetive, em parte, educar e refinar o gosto, de modo que um homem possa fruir com inteligência o próprio tempo livre."

Mas, em vez disso, em um número crescente de países o culto da eficiência sufoca a serenidade e a alegria. O tempo livre é vivido com a mesma seriedade, a mesma atitude, a mesma preocupação com a pontualidade, a mesma pressa com que se vive o tempo dedicado ao trabalho. Além disso, o cansaço decorrente de um empenho profissional excessivo desestimula a participação ativa nos esportes, no convívio com a natureza, na leitura, nas artes, nas atividades solidárias de voluntariado, induzindo à fruição passiva de jogos de futebol transmitidos pela televisão ou de filmes assistidos em casa: "observação inativa das hábeis atividades dos outros".

Russell não tem dúvidas (e nem eu): "Uma população que trabalha pouco, para que seja feliz, deve ser instruída, e a instrução deve levar em conta as alegrias do espírito, além da utilidade direta proporcionada pelo saber científico." Dewey dizia que a educação consiste em dar sentido às coisas. Se a fruição do tempo livre é feita com ignorância, de forma passiva e manipulada, até as ocasiões mais preciosas se tornam insensatas. O conhecimento, em contrapartida, enriquece o significado, a intensidade e o prazer até das alegrias mais simples: "Comecei a saborear os pêssegos e os damascos com muito mais gosto", confessa Russell, "desde que soube que o seu cultivo iniciou-se na China durante a dinastia Han e que foram alguns chineses capturados como reféns pelo grande rei Kaniska da Índia que os introduziram naquele país. Da Índia, essas frutas se difundiram até a Pérsia, chegando ao Império Romano no primeiro século da nossa era. Tudo isso fez com que pêssegos e damascos se tornassem ainda mais doces ao meu paladar."

O modelo americano

Entre os livros de Lafargue e de Russell é passado meio século. Com outra metade de século, ou um pouco mais, chegamos aos nossos dias. Ao longo desses anos foram inventadas máquinas para gerir o tempo (relógios de quartzo, agendas e calendários eletrônicos e sistemas de aviso prévio e de auto-regulação dos dispositivos), máquinas para economizar tempo (automóveis e aviões ultravelozes, telefones, fac-símiles, eletrodomésticos e robôs), máquinas para estocar e transferir o tempo (discos, secretárias eletrônicas, videogravadores) e máquinas para enriquecer o tempo e para compensar o tempo morto das tarefas domésticas e de escritório (músicas de fundo ou serviços de informação via rádio nas salas de espera, no carro ou com aparelhos miniaturas, facilmente portáteis, de diversos tipos). "O Papalagi", como já havia notado Tuiavii na sua reportagem, "emprega todas as suas energias e todos os seus pensamentos de modo que o seu tempo seja cada vez mais repleto. Utiliza a água, o fogo, a tempestade e os raios do céu com o único objetivo de reter o tempo. Coloca rodas de ferro sob seus pés e confere asas às suas palavras, sempre para obter mais tempo. E qual é o porquê dessa grande fadiga?"

Como a maior parte dos louvores ao ócio é obra de escritores muito laboriosos, também a maior parte dessas máquinas prodigiosas que economizam tempo são obras, enfim, dos americanos e dos japoneses, ou seja, dois povos que, possuídos pelo demônio da laboriosidade alienada, mais teimosamente persistem na neurose do zelo do eficientismo e insistem com ritmos estressantes de trabalho, sempre dispostos a renunciar aos fins de semana, às férias, aos afetos, desde que não interrompam um negócio. São povos ricos de bens e de dinheiro, mas muito pobres de tranqüilidade e de tempo; povos que a *new economy* apertou em uma prensa ainda mais implacável, porque caracterizada pela prevalência da economia sobre a política, das finanças sobre a economia, da globalização com perda da identidade, do virtual sobre o tangível, da intelectualidade sobre a fisicidade, da troca sobre a produção e da hibridização sobre a separação. E sobretudo pela prevalência da velocidade sobre a lentidão. Enfim, um sistema novo, no qual a mercantilização estendeu-se rapidamente dos bens materiais e serviços até as relações humanas e a cultura.

Após o crepúsculo do comunismo real, que talvez soubesse distribuir a riqueza, mas que certamente não era capaz de produzi-la, esses países embarcaram num turbocapitalismo que é muito hábil em produzir riqueza, mas incapaz de distribuí-la. A conseqüência é um abismo crescente entre cultos e ignorantes, entre ricos e pobres, entre nativos e imigrantes, entre empregados e desempregados.

Nos Estados Unidos, isto é, no país mais rico, mais poderoso, dotado do maior exército, das mais modernas universidades, da maior quantidade de auditórios, museus e fundações culturais muito aprimoradas, do maior número de detentores do Nobel, "entre os sessenta milhões de menos abastados, alguns não conseguiram manter, ou obter, uma vaga na fábrica ou no escritório e acabaram empurrados para atividades mal-remuneradas, tornando-se vendedores, garçons, vigias, carteiros, empregados domésticos, faxineiros. Com base nesta dinâmica, os trabalhadores dispostos a aceitar uma mobilidade descendente ocuparam todos os níveis de trabalho tradicionalmente destinados ao subproletariado. Além disso, "a maioria da população carcerária dos Estados Unidos, um total de 1.800.000 detentos, é constituída por desempregados. Se a eles somarmos os 3.700.000

indivíduos em liberdade condicional, à espera de julgamento, o total de sujeitos penalmente incriminados nos Estados Unidos da América é de 5.500.000 pessoas, vale dizer 2,8% da população adulta daquele país, o dobro desde 1980, aurora do turbocapitalismo". Isto foi escrito por Edward N. Luttwak, em 1999. Entre o início e o fim dos dois governos de Clinton, o número de encarcerados dobrou nos Estados Unidos, passando de um para dois milhões.

São a essas aberrações que conduz um modelo que baniu a arte do ócio. Portanto, o problema da felicidade não coincide com a questão do progresso tecnológico, da riqueza e da eficiência produtiva, visto que os povos mais avançados tecnologicamente, economicamente mais ricos e mais eficientes do ponto de vista organizacional vêem aumentar a cada dia as suas contradições e as suas inquietações. Contradições e inquietações estas de um modelo que nós corremos o risco de importar através do processo de globalização.

O MODELO LATINO

Eis-nos ante os efeitos perversos do "modelo americano", baseado na crença de que o mercado competitivo é inelutável, no aumento das diferenças, ignorando as vítimas do progresso. Diante deste quadro é necessário elaborar, escolher e experimentar modelos alternativos, capazes de gerar e distribuir a riqueza com igual eficácia, que coloquem em primeiro plano um bem-estar feliz e difuso em detrimento de uma competitividade inescrupulosa e de uma opulência reservada a poucos privilegiados.

Os povos latinos também têm as suas contradições, mas preservam uma propensão para a alegria, a sensualidade, a acolhida, a festa, perdida pela maioria dos outros povos. É portanto provável que sejam os latinos os primeiros a elaborar um novo modelo, alternativo ao americano, finalmente capaz de assegurar a todos uma tranqüilidade econômica que não exija a renúncia da serenidade de espírito, da alegria, da diversão e do convívio.

No meu modo de ver, esse modelo deverá comportar uma revolução cultural e organizacional que conduza à combinação do trabalho com o estudo e com o jogo. A partir do momento em que o trabalho, graças ao qual geramos riqueza, tornou-se uma atividade predominantemente intelectual, torna-se difícil e até prejudicial tentar separá-lo das outras atividades intelectuais, tais como o estudo, com o qual criamos conhecimentos, ou o jogo, com o qual criamos alegria. Mais vale, portanto, aprender a conjugar essas três expressões da nossa inteligência, para crescermos de forma harmônica através da sublime arte do ócio criativo.

De Samoa, o sábio Tuiavii de Tiavea pergunta-se a nosso respeito: "No final das contas, o que é que faz o Papalagi com o seu tempo? (...) O tempo é silencioso, ama a paz, a calma e o simples deitar-se numa esteira. O Papalagi não compreendeu o tempo, não o reconhece por aquilo que é e por isso o maltrata daquele jeito, com os seus costumes vulgares... Devemos liberar o pobre Papalagi, perdido por sua própria loucura, temos que lhe devolver o seu tempo. Devemos lhe anunciar que desde o nascer até o pôr-do-sol existe muito mais tempo do que um homem possa necessitar."

O velho chefe indígena teria certamente apreciado os escritos de Lafargue e de Russell. Em vida, Paul Lafargue era melhor acolhido pelos libertários do que pelos socialistas, apesar de sua militância revolucionária e do seu parentesco com Marx. Por sua vez, Bertrand Russell era mais admirado pelos anticonformistas do que pelos conservadores, apesar do seu aristocrático elitismo. Ao reuni-los neste livro, esperamos que sejam amados por ambos: tanto pelos ociosos quanto pelos laboriosos, com o simples objetivo de ajudar a todos nesta difícil conquista do tempo, do seu significado e do seu gozo.

Como disse Russell, "continuamos a desperdiçar tanta energia quanto a que era necessária antes da invenção das máquinas. Nesse aspecto, temos sido tolos, mas não há razão para sermos tolos para sempre".

---

1 – Famoso canto revolucionário italiano dos anos 1920 pela redução da jornada de trabalho, intitulado "As Oito Horas".

Bertrand Russell

O Elogio ao Ócio

O Elogio ao Ócio

"Como muitos homens da minha geração, fui educado segundo os preceitos do provérbio que diz que o ócio é o pai de todos os vícios. E, como sempre fui um jovem virtuoso, acreditava em tudo que me diziam, e foi assim que a minha consciência adquiriu o hábito de me obrigar a trabalhar duro até hoje." Mas apesar de a consciência ter controlado as minhas ações, minhas opiniões sofreram uma verdadeira revolução. Eu acho que se trabalha demais no mundo de hoje, que a crença nas virtudes do trabalho produz males sem conta e que nos modernos países industriais é preciso lutar por algo totalmente diferente do que sempre se apregoou.

É bastante conhecida a história do viajante que, ao ver doze mendigos deitados ao sol, na cidade de Nápoles (isto foi antes da época de Mussolini), disse que queria dar uma lira ao mais preguiçoso. Onze se levantaram para disputá-la, e então o viajante a deu ao décimo segundo. Foi uma decisão acertada. Mas nos países que não podem desfrutar o sol do Mediterrâneo, o ócio é mais difícil e vai ser preciso muita propaganda para fazê-lo vingar. Eu gostaria que os líderes da YMCA iniciassem, após a leitura das próximas páginas, uma campanha para persuadir os jovens de boa índole a não fazerem nada. Se fizerem isso, eu não terei vivido em vão.

Antes de apresentar meus argumentos em favor da preguiça, devo excluir uma tese que considero inaceitável. Sempre que um indivíduo que já tem o bastante para viver se propõe a exercer uma ocupação cotidiana, como a de professor ou datilógrafo, vem alguém lhe dizer que isto é um crime, que está tirando o pão da boca de outro. Se este argumento fosse válido, bastaria que ficássemos todos parados para ter nossas bocas devidamente alimentadas. O que essa gente esquece é que as pessoas geralmente gastam o que ganham e gastando geram empregos. Quando uma pessoa gasta seu rendimento, está alimentando com este gasto tantas bocas quanto as que esvazia com seu ganho. O verdadeiro vilão, sob este ponto de vista, é o indivíduo que poupa. Se ele apenas deixa sua poupança num pé de meia, é claro que não está ajudando a criar empregos. Mas, se ele investe sua poupança, a questão é menos óbvia e criam-se diferentes situações.

Uma das maneiras mais comuns de se aplicar a poupança é emprestando-a ao governo. Mas considerando que o grosso do gasto público da maioria dos governos civilizados consiste na cobertura de despesas das guerras passadas e na preparação das guerras futuras, a pessoa que empresta seu dinheiro ao governo encontra-se na mesma posição do vilão que aluga assassinos. O resultado líquido dessa prática econômica é aumentar a força armada do Estado ao qual a pessoa emprestou sua poupança. Melhor seria, obviamente, que ela gastasse seu dinheiro, mesmo que fosse no jogo ou na bebida.

Mas pode-se dizer que a situação é completamente diferente se a poupança for investida em empresas industriais. Quando essas empresas prosperam, produzindo coisas úteis, esta afirmação é admissível. Mas, nos dias que correm, ninguém há de negar a situação falimentar da maioria das empresas. Isto significa que uma enorme quantidade de trabalho humano que poderia ter sido alocado na produção de coisas passíveis de serem usufruídas foi gasta na produção de máquinas que, quando prontas, ficam ociosas sem produzir benefício para ninguém. A pessoa que investe sua poupança em negócios fracassados está, portanto, prejudicando outras pessoas e a si mesma. Se ela gastasse seu dinheiro dando festas, por exemplo, seus amigos ficariam felizes (é o que se espera), bem como todos aqueles com quem seu dinheiro foi gasto: o açougueiro, o padeiro e o fornecedor de bebidas. Mas se a pessoa o gasta, digamos, na construção de ferrovias para trens de superfície num lugar onde os trens de superfície são inadequados, terá desviado uma enorme quantidade de trabalho por canais que não trazem qualquer benefício a ninguém. No entanto, se essa pessoa empobrece com o insucesso de seu investimento, será vista como vítima de uma desgraça imerecida, ao passo que o alegre esbanjador, que gastou seu dinheiro filantropicamente, será desprezado como pessoa tola e frívola.

Mas tudo isso são apenas preliminares. Quero dizer, com toda a seriedade, que muitos malefícios estão sendo causados no mundo moderno pela crença na virtude do trabalho e pela convicção de que o caminho da felicidade e da prosperidade está na redução organizada do trabalho.

Antes de mais nada: o que é o trabalho? Existem dois tipos de trabalho: primeiro, o que modifica a posição dos corpos na superfície da terra ou perto dela, relativamente a outros corpos; segundo, o que manda que outras pessoas façam o primeiro. O primeiro tipo é desagradável e mal pago, o segundo é agradável e muito bem pago. O segundo tipo pode ser estendido indefinidamente: além daqueles que dão ordens, há os que dão conselhos a respeito das ordens que devem ser dadas. Geralmente, dois tipos opostos de conselhos são dados simultaneamente por dois grupos organizados, e a isto se chama de política. A qualificação necessária para este tipo de trabalho não é o conhecimento do tema a respeito do qual se dão conselhos, mas o conhecimento da arte de falar e escrever convincentemente, isto é, da propaganda.

Por toda a Europa, embora não nos Estados Unidos, existe uma terceira classe de pessoas que é mais respeitada do que ambas as classes de trabalhadores. São pessoas que, por meio da propriedade da terra, têm o poder de fazer com que outras paguem pelo privilégio de poder existir e trabalhar. Esses proprietários de terra são ociosos, donde se poderia esperar que eu os elogiasse. Infelizmente, o seu ócio só é possível devido ao trabalho dos outros e, na verdade, a sua aspiração a um ócio confortável é, historicamente, a origem de todo o evangelho do trabalho. A última coisa que essa gente jamais desejou é que outros seguissem o seu exemplo.

Do início da civilização até a Revolução Industrial, um homem era em geral capaz de produzir, trabalhando arduamente, um pouco mais do que o necessário para a própria subsistência e a de sua família, embora sua mulher trabalhasse não menos arduamente e os filhos também adicionassem trabalho logo que atingiam uma idade suficiente. O pouco que excedia a satisfação das necessidades básicas não ficava para os produtores, pois era apropriado pelos guerreiros e sacerdotes. Em épocas de escassez não havia excedente, mas os guerreiros e sacerdotes asseguravam-se os tributos de costume, o que levava muitos trabalhadores à morte por inanição. Este sistema existiu na Rússia até 1917 e existe ainda hoje no Oriente. Na Inglaterra, apesar da

Revolução Industrial, ele se manteve em pleno vigor durante as guerras napoleônicas e persistiu até há cem anos, quando a nova classe dos manufatureiros chegou ao poder. Na América ele foi extinto pela Revolução, menos no Sul, onde se manteve até a Guerra Civil. Um sistema tão duradouro e de fim tão recente há de ter deixado marcas profundas no pensamento e na opinião dos homens. Muitas das idéias correntes acerca do caráter virtuoso do trabalho deriva desse sistema que, no entanto, dada a sua origem pré-industrial, não é adequado ao mundo moderno. A moderna técnica trouxe consigo a possibilidade de que o lazer, dentro de certos limites, deixe de ser uma prerrogativa de minorias provilegiadas e se torne um direito a ser distribuído de maneira equânime por toda a coletividade. A moral do trabalho é uma moral de escravos, e o mundo moderno não precisa da escravidão.

É claro que, se dependesse da sua vontade, os camponeses das comunidades primitivas não entregariam o magro excedente para garantir a subsistência de guerreiros e sacerdotes: teriam preferido produzir menos ou consumir mais. Por isso, no início, foi preciso forçá-los a produzir mais e entregar o excedente. Pouco a pouco, porém, descobriu-se que era possível induzi-los a aceitar uma ética segundo a qual era sua obrigação trabalhar duro, mesmo que uma parte desse trabalho fosse destinada a sustentar o ócio de outros. Reduziram-se, desse modo, tanto a necessidade de coerção quanto as despesas do governo. Ainda hoje, noventa e nove por cento dos assalariados britânicos receberiam com total espanto a proposta de que o rei tivesse rendimentos iguais ao de um trabalhador comum. A idéia do dever, historicamente falando, foi um meio usado pelos detentores do poder para convencer os demais a dedicarem suas vidas ao benefício de seus senhores, mais do que aos seus próprios interesses. É claro que os detentores do poder escondem tal fato de si mesmos, procurando acreditar que seus interesses particulares são idênticos aos interesses maiores da humanidade. Isto é verdade em algumas situações: os proprietários de escravos atenienses, por exemplo, empregavam parte de seu lazer em contribuições permanentes à civilização, o que teria sido impossível sob um sistema econômico justo. O lazer é essencial à civilização e, em épocas passadas, o lazer de uns poucos só era possível devido ao trabalho da maioria. Este trabalho era valioso, não porque o trabalho é bom, mas porque o lazer é bom. E, com a técnica moderna, seria possível a justa distribuição do lazer sem nenhum prejuízo para a civilização.

A técnica moderna tornou possível a drástica redução da quantidade de trabalho necessária para garantir a todos a satisfação de suas necessidades básicas. Isto ficou claro durante a Primeira Guerra Mundial. Todos os membros das forças armadas, todos os homens e mulheres engajados na produção de munições, na espionagem, na propaganda de guerra e nas funções de governo ligadas à guerra foram sacados das ocupações produtivas. Apesar disso, o nível geral de bem-estar físico entre os assalariados não qualificados do lado dos aliados era mais alto do que antes e até do que depois da guerra. A guerra demonstrou claramente que, por meio da organização científica da produção, uma pequena parte da capacidade de trabalho do mundo moderno é suficiente para que a população desfrute um nível de conforto satisfatório. E se, ao final da guerra, tivesse sido preservada a organização científica criada para liberar os homens para a tarefa de lutar e municiar, e se a jornada de trabalho tivesse sido reduzida a quatro horas, estaria tudo certo. Em vez disso, foi restaurado o antigo caos – aqueles cujo trabalho era necessário voltaram às suas longas horas de trabalho, os demais foram deixados à míngua como desempregados. Por quê? Porque o trabalho é um dever, as pessoas não devem receber salários proporcionais à sua produção, mas à virtude demonstrada em seu esforço.

Esta é a moral do Estado escravista, aplicada a circunstâncias totalmente diferentes daquelas em que ele existiu. Não admira que o resultado seja desastroso. Vejamos um exemplo. Suponhamos que, num dado momento, uma certa quantidade de pessoas está empregada na fabricação de alfinetes. Elas produzem todos os alfinetes de que o mundo necessita, trabalhando, digamos, oito horas por dia. Então surge um invento com o qual as mesmas pessoas podem produzir o dobro da quantidade de alfinetes que produziam antes. Mas o mundo não precisa de duas vezes mais alfinetes: eles já são tão baratos que dificilmente se comprarão mais alfinetes por causa da baixa dos preços. Num mundo sensato, todas as pessoas envolvidas na produção de alfinetes passariam a trabalhar quatro horas por dia, em vez de oito, e tudo mais continuaria como antes. Mas, no mundo em que vivemos, isto seria considerado uma desmoralização. Permanece a jornada de oito horas, sobram alfinetes, alguns empregadores vão à falência e metade dos homens antes alocados na fabricação de alfinetes perde seu emprego. No final, a quantidade de lazer é a mesma de antes, porém, enquanto metade das pessoas está totalmente ociosa, a outra metade é submetida ao sobretrabalho. Dessa forma, assegura-se a crença de que o inevitável lazer causará a miséria por toda parte, em vez de ser uma fonte universal de felicidade. Pode-se imaginar coisa mais insana?

A idéia de que os pobres devem ter direito ao lazer sempre chocou os ricos. Na Inglaterra do início do século XIX, a jornada de trabalho de um homem adulto tinha quinze horas de duração. Algumas crianças cumpriam, às vezes, essa jornada, e para outras a duração era de doze horas. Quando uns abelhudos intrometidos vieram afirmar que a jornada era longa demais, foi-lhes dito que o trabalho mantinha os adultos longe da bebida e as crianças afastadas do crime. Eu era ainda criança quando, pouco depois de os trabalhadores urbanos terem conquistado o direito de voto, e para a total indignação das classes superiores, os feriados públicos foram legalmente instituídos. Lembro-me de uma velha duquesa exclamando: "O que querem os pobres com esses feriados? Eles deviam estar trabalhando". Hoje em dia as pessoas são menos francas, mas o sentimento persiste, e é fonte de boa parte de nossa confusão econômica.

Não pretendo insistir no fato de que, em todas as sociedades modernas, fora a URSS, muita gente consegue escapar até mesmo de um mínimo de trabalho: os que vivem de herança e os que casam por dinheiro. Eu penso que o fato de se permitir que essas pessoas sejam ociosas não é nem de longe tão nocivo quanto o fato de se exigir dos assalariados que escolham entre o sobretrabalho e a privação.

Se o assalariado comum trabalhasse quatro horas por dia, haveria bastante para todos, e não haveria desemprego – supondo-se uma quantidade bastante modesta de bom senso organizacional. Essa idéia choca as pessoas abastadas, que estão convencidas de que os pobres não saberiam o que fazer com tanto lazer. Nos Estados Unidos, os homens costumam trabalhar longas horas, mesmo quando já desfrutam uma ótima situação, e ficam sinceramente indignados com a idéia do lazer para os trabalhadores, a não ser na forma do castigo cruel do desemprego. Na verdade, eles rejeitam o lazer até para os seus filhos. De um modo muito estranho, ao mesmo tempo que desejam que seus filhos trabalhem tanto que não tenham tempo de se civilizarem, esses homens não se importam que suas esposas e filhas não se dediquem a trabalho algum. A inutilidade esnobe, que nas sociedades aristocráticas se estende a ambos os sexos, numa plutocracia é limitada às mulheres. Isto porém não torna a inutilidade mais de acordo com o bom senso.

O uso judicioso do lazer, devo admitir, é produto da civilização e da educação. Um homem que toda a sua vida trabalhou longas horas irá se sentir entediado se ficar ocioso de repente. Mas, sem uma quantidade adequada de lazer, a pessoa fica privada de muitas coisas boas. Não há mais nenhum motivo pelo qual a maioria da população deva sofrer tal privação, e só um ascetismo tolo faz com que continuemos a insistir no excesso de trabalho quando não há mais necessidade.

Mas o que acontecerá quando se chegar à situação em que o conforto seja acessível a todos sem a necessidade de tantas horas de trabalho?

No Ocidente, temos várias formas de lidar com este problema. Não nos empenhamos nem um pouco na realização da justiça econômica, de modo que a maior parte do produto total fica nas mãos de uma minoria, boa parte da qual simplesmente não trabalha. Devido à total ausência de controle central sobre a produção, produzimos uma imensa quantidade de coisas de que não precisamos. Mantemos ociosa uma parcela considerável da população trabalhadora, que se torna dispensável justamente porque se impõe o sobretrabalho à outra parcela. Quando esse método se revela inadequado, fazemos a guerra: colocamos um monte de gente para fabricar explosivos e outro tanto para explodi-los, tal como crianças que acabaram de descobrir os fogos de artifício. Combinando todos esses mecanismos, somos capazes, ainda que com alguma dificuldade, de manter viva a noção de que uma grande quantidade de trabalho manual é o quinhão inevitável do homem comum.

Movimentar a matéria em quantidades necessárias à nossa existência não é, decididamente, um dos objetivos da vida humana. Se fosse, teríamos de considerar qualquer operador de britadeira superior a Shakespeare. Fomos enganados nessa questão por dois motivos. Um é necessidade de manter os pobres aplacados, o que levou os ricos a pregarem, durante milhares de anos, a dignidade do trabalho, enquanto tratavam de se manter indignos a respeito do mesmo assunto. O outro são os novos prazeres do maquinismo, que nos delicia com as espantosas transformações que podemos produzir na superfície da Terra. Nenhum desses motivos exerce um especial fascínio sobre o verdadeiro trabalhador. Se lhe perguntarmos qual é a melhor parte de sua vida, ele dificilmente responderá: "É o trabalho manual, que sinto como a realização da mais nobre das tarefas humanas, e também porque fico feliz em pensar na capacidade que tem o homem de transformar o planeta. É verdade que meu corpo precisa de horas de descanso, que procuro preencher da melhor forma, mas meu maior prazer é ver raiar o dia para poder voltar ao trabalho, que é a fonte da minha felicidade." Nunca ouvi nada do gênero saindo da boca de nenhum trabalhador. Eles encaram o trabalho como deve ser encarado, uma forma de ganhar a vida, e é do lazer que retiram, aí sim, a felicidade que a vida lhes permite desfrutar.

Há quem diga que o lazer só é prazeroso até certo ponto e que as pessoas não saberiam como preencher o seu dia se tivessem uma jornada de quatro horas. Considerar isto uma verdade no mundo moderno constitui uma condenação da nossa civilização. As coisas jamais foram assim. A antiga propensão para a despreocupação e o divertimento foi de certo modo inibida pelo culto da eficiência. O homem moderno acha que qualquer atividade deve ser exercida em prol de outras coisas, nunca da coisa mesma. Há, por exemplo, pessoas sisudas que condenam o hábito de ir ao cinema, dizendo que ele induz a juventude ao crime. Mas o trabalho necessário à produção dos filmes é tido como respeitável, porque é trabalho, e porque gera lucro. A noção de que atividade boa é aquela que produz lucro constitui uma completa inversão da ordem das coisas. O açougueiro que lhe vende carne e o padeiro que lhe vende pão são dignos de louvor, porque estão ganhando dinheiro. Mas se você come com deleite e vagar a comida que eles lhe venderam, você é um frívolo, a menos que só esteja comendo para ter energia para trabalhar. De modo geral, o que se diz é que ganhar dinheiro é bom e gastar dinheiro é ruim. Como se trata dos dois lados da mesma transação, tudo isso é um completo disparate. Todo mérito que possa existir na produção de bens tem de advir, forçosamente, do proveito que se obtém em consumi-los. Em nossa sociedade, o indivíduo trabalha pelo lucro, mas a finalidade social de seu trabalho reside no consumo daquilo que ele produz. O divórcio entre os fins individuais e os fins sociais da produção é o que torna tão difícil pensarmos com clareza num mundo em que a busca do lucro constitui o único incentivo ao trabalho. Pensamos demais na produção e de menos no consumo. Por isso, acabamos dando pouca importância ao desfrute e à felicidade e deixamos de avaliar a produção pela satisfação que ela proporciona ao consumidor.

Quando sugiro a redução da jornada de trabalho para quatro horas, não quero com isto dizer que o tempo remanescente deveria necessariamente ser gasto em frivolidades. Quero dizer que quatro horas diárias de trabalho deveriam ser suficientes para dar às pessoas o direito de satisfazer as necessidades básicas e os confortos elementares da vida, e que o resto de seu tempo deveria ser usado da maneira que lhes parecesse mais adequada. Uma condição fundamental de um tal sistema social é que a educação ultrapasse as suas atuais fronteiras e adote como parte de seus objetivos o cultivo de aptidões que capacitem as pessoas a usar seu lazer de maneira inteligente. E não estou aqui pensando apenas em atividades supostamente "intelectualizadas". As danças camponesas desapareceram, salvo nas áreas rurais mais remotas, mas ainda devem existir na natureza humana os impulsos que as fizeram florescer. Os prazeres das populações urbanas se tornaram fundamentalmente passivos: ver filmes, assistir a partidas de futebol, ouvir rádio e assim por diante. Isto ocorre porque as energias ativas da população estão totalmente absorvidas pelo trabalho. Se as pessoas tivessem mais lazer, voltariam a desfrutar prazeres em que participassem ativamente.

No passado havia uma pequena classe ociosa e uma grande classe trabalhadora. A classe ociosa desfrutava vantagens que não tinham qualquer fundamento na justiça social, o que tornou essa classe inapelavelmente opressora, limitou seu sentido de solidariedade e levou-a a inventar teorias para justificar seus privilégios. Isso fez diminuir enormemente a sua excelência, mas não a impediu de ter contribuído para quase tudo o que hoje chamamos de civilização. Ela cultivou as artes e descobriu as ciências, escreveu os livros, inventou as filosofias e aperfeiçoou as relações sociais. Mesmo a libertação dos oprimidos foi geralmente iniciada a partir de cima. Sem a classe ociosa, a humanidade nunca teria emergido da barbárie.

O método da hereditariedade de uma classe ociosa que não possuía qualquer obrigação gerou, no entanto, um extraordinário desperdício. Nenhum de seus membros aprendeu a ser diligente, e a classe como um todo não primava pelo brilho intelectual. Esta classe foi capaz de produzir um Darwin, mas a este se opunham dezenas de milhares de proprietários rurais que jamais pensaram em coisas mais inteligentes do que caçar raposas e punir invasores de propriedades. Hoje, espera-se que as universidades produzam de modo mais sistemático aquilo que a classe ociosa produzia apenas acidentalmente, como mero subproduto. Trata-se de um grande avanço, mas que tem seus inconvenientes. A vida universitária é tão diferente da vida no mundo exterior que, no meio acadêmico, as pessoas tendem a ficar alheias às preocupações e problemas dos homens e mulheres comuns. Além disso, elas utilizam um jargão de tal forma especializado que em geral as opiniões que expressam deixam de exercer a influência que deveriam ter sobre o público em geral. Outra desvantagem é que os estudos universitários são estruturados de tal forma que alguém que conceba uma linha original de pesquisa freqüentemente se sente desencorajado. As instituições acadêmicas, por mais úteis que sejam, não são os guardiães adequados dos interesses da civilização num mundo em que todos os que vivem fora de seus limites estão ocupados demais para dar atenção a atividades não-utilitárias.

Num mundo em que ninguém tenha de trabalhar mais do que quatro horas diárias, todas as pessoas poderão saciar a curiosidade científica que carregarem dentro de si e todo pintor poderá pintar seus quadros, sem passar por privações, independente da qualidade de sua arte. Jovens escritores não precisarão buscar a independência econômica indispensável às obras monumentais, para as quais já terão perdido o gosto e a capacidade quando o momento chegar. Pessoas que em seu trabalho profissional se tenham interessado por alguma fase da economia ou da política poderão desenvolver suas idéias sem aquele distanciamento acadêmico que faz o trabalho dos economistas das universidades parecer muitas vezes carente de senso da realidade. Os médicos terão tempo de estudar os progressos da medicina e os professores não precisarão se desesperar por estarem repetindo com métodos rotineiros ensinamentos que aprenderam na juventude e que, nesse meio tempo, podem já ter se tornado comprovadamente falsos.

Acima de tudo haverá felicidade e alegria de viver, em vez de nervos em frangalhos, fadiga e má digestão. O trabalho exigido será suficiente para tornar agradável o lazer, mas não levará ninguém à exaustão. E como não estarão cansadas nas horas de folga, as pessoas deixarão de buscar diversões exclusivamente passivas e monótonas. Uma pequena parcela dedicará, com certeza, o tempo não gasto na ocupação profissional a atividades de alguma utilidade pública, e, como não dependerão dessas atividades para a sua sobrevivência, não terão a originalidade tolhida e nem necessidade de se amoldarem aos padrões estabelecidos pelos velhos mestres.

Mas não é somente nessas situações excepcionais que as vantagens do lazer aparecerão. Homens e mulheres comuns, tendo chance de viverem vidas felizes, se tornarão mais afáveis, menos persecutórios e menos propensos a olhar os outros com desconfiança. O gosto pela guerra desaparecerá, em parte por este motivo, em parte porque a guerra implicará trabalho longo e penoso para todos. Dentre todas as qualidades morais, a boa índole é aquela de que o mundo mais precisa, e ela é o resultado da segurança e do bem-estar, não de uma vida de luta feroz. Os modernos métodos de produção tornaram possíveis a segurança e o bem-estar para uma parcela maior de pessoas, mas, apesar disso, continuamos preferindo o sobretrabalho para alguns e a penúria para os demais. Ainda somos tão energéticos quanto éramos antes de existirem as máquinas. Nesse aspecto, temos sido tolos, mas não há razão para sermos tolos para sempre.

A Cultura do Ócio

Francis Bacon, um homem que galgou a fama traindo seus amigos, afirmou que "conhecimento é poder", uma lição indubitavelmente amadurecida pela experiência. O tipo de conhecimento que Bacon tinha em mente é aquele que chamamos de científico. Sua ênfase na importância da ciência foi um resgate tardio das tradições dos árabes e da alta Idade Média, para as quais o conhecimento consistia basicamente na astrologia, na alquimia e na farmacologia, todas elas ramos da ciência. Um homem instruído era aquele que, tendo dominado esses estudos, adquirira poderes mágicos. No início do século XI, o papa Silvestre II, não por outra razão senão a de que lia livros, era universalmente considerado um mágico que tinha parte com o diabo. Bacon supunha – corretamente, como sabemos agora – que a ciência era uma vara de condão mais poderosa do que qualquer coisa jamais sonhada pelos necromantes de todas as épocas.

A Renascença, que estava em seu auge na Inglaterra dos tempos de Bacon, trouxe consigo a revolta contra a concepção utilitária do conhecimento. Os gregos tinham familiaridade com Homero, tal como nós temos com as canções de auditório, não por estarem empenhados na busca do conhecimento, mas simplesmente porque gostavam dele. No entanto, os homens do século dezesseis não teriam sido capazes de entender Homero sem a prévia aquisição de uma considerável erudição lingüística. Eles admiravam os gregos e não queriam se ver privados de seus prazeres. Trataram pois de copiá-los, tanto na leitura dos clássicos quanto sob outras formas menos confessáveis. Instruir-se, na Renascença, fazia parte da alegria de viver, tanto quanto beber ou amar. E isto valia não só para a literatura como também para estudos mais sisudos. É bastante conhecida a história do primeiro contato de Hobbes com Euclides: ao abrir casualmente o livro no Teorema de Pitágoras, ele exclamou: "Meu Deus, isto é impossível", e prosseguiu lendo as demonstrações, de trás para a frente, até que, ao chegar aos axiomas, acabou se convencendo. Não se pode duvidar que este tenha sido para ele um momento de volúpia, um clarão provocado pela idéia da utilidade da geometria na medição dos campos.

A principal causa da Renascença foi o prazer mental, a restauração de uma certa riqueza e liberdade na arte e na especulação que haviam sido perdidas na época em que a ignorância e a superstição punham antolhos na imaginação.

Descobriu-se que os gregos haviam dedicado uma parte de sua atenção a temas não puramente literários ou artísticos, como a filosofia, a geometria e a astronomia. Estes eram, pois, estudos respeitáveis, ao passo que outras ciências estavam sujeitas a questionamentos. A medicina, é verdade, fora enobrecida por nomes como Hipócrates e Galen; mas nesse meio tempo havia permanecido quase que totalmente limitada aos árabes e judeus e inextricavelmente entrelaçada à magia. Daí a reputação ambígua de um homem como Paracelsus. A química tinha ainda pior reputação, não tendo logrado tornar-se respeitável antes do século XVIII.

Foi assim que o conhecimento do grego e do latim, com umas pinceladas de geometria e de astronomia talvez, passou a ser considerado a bagagem intelectual do fidalgo. Os gregos desprezaram as aplicações práticas da geometria, e foi já em sua fase de declínio que encontraram, na astrologia, um uso para a astronomia. Em geral, nos séculos XVI e XVII estudou-se a matemática com uma indiferença helênica e tendeu-se a ignorar aquelas ciências que haviam sido rebaixadas por sua ligação com a bruxaria. A mudança gradual em direção a uma concepção mais ampla e prática do conhecimento, ocorrida ao longo do século XVIII, foi subitamente acelerada pela Revolução Francesa e pelo crescimento da maquinismo. A Revolução deu um golpe na cultura fidalga e o maquinismo criou um novo e extraordinário campo de ação para o exercício de habilidades destituídas de toda fidalguia. Ao longo dos últimos cento e cinqüenta anos, as pessoas passaram a questionar o valor do chamado conhecimento "inútil" com um vigor crescente, passando a acreditar mais e mais que o único conhecimento digno de mérito é aquele que se pode aplicar a algum setor da vida econômica da coletividade.

Em países como a França e a Inglaterra, que possuem sistemas educacionais tradicionais, a visão utilitária do conhecimento prevalece apenas em parte. Por exemplo, ainda há nas universidades professores de chinês que estudam os clássicos mas desconhecem as obras de Sun Yat-sen, o homem que criou a China moderna. Outros conhecem a história da antigüidade desde que narrada por autores de estilo puro, isto é, anteriores a Alexandre na Grécia e Nero em Roma. Recusam-se a estudar a história subseqüente, muito mais importante, por desprezarem o talento literário de seus historiadores. Mas, mesmo na França e na Inglaterra, a velha tradição está morrendo, e em países mais novos, como a Rússia e os Estados Unidos, está totalmente extinta. Nos EUA, por exemplo, comissões educacionais verificaram que a maioria das pessoas emprega um máximo de mil e quinhentas palavras na correspondência comercial, e por isso sugerem que todas as outras deveriam ser dispensadas do currículo escolar. O inglês básico, uma invenção britânica, vai ainda mais longe, reduzindo o vocabulário necessário a oitocentas palavras. A concepção do valor estético do discurso está desaparecendo e já se começa a pensar que o único propósito das palavras é transmitir informações práticas.

Em toda parte, o conhecimento vai deixando de ser visto como um bem em si mesmo ou como um meio de criar-se uma perspectiva de vida humana e abrangente e se transforma em mero ingrediente da aptidão técnica. A interdependência econômica e política aumentou extraordinariamente e, com ela, também as pressões sociais que obrigam as pessoas a adotarem modos de vida considerados úteis por seus semelhantes. Os estabelecimentos de ensino, exceção feita àqueles destinados aos muito ricos ou, na Inglaterra, aos que se tornaram intocáveis por sua antigüidade, não são livres para gastar seus recursos como melhor lhes convém. Devem antes provar ao Estado que servem aos propósitos úteis de prover qualificação técnica e infundir lealdade. Este é um componente do movimento que levou ao serviço militar obrigatório, ao escotismo, à organização dos partidos políticos e à disseminação da paixão política pela imprensa. Estamos todos mais atentos aos nossos concidadãos, mais ávidos – se somos virtuosos – de fazer-lhes o bem e, em todo caso, de conseguir que eles nos façam o bem. Não nos agrada pensar que alguém possa gozar a vida preguiçosamente, por mais culta que seja a qualidade desse gozo. Achamos que todos deviam estar fazendo algo pela grande causa (qualquer que seja), sentimento tanto mais forte quanto mais gente má existe trabalhando contra ela. Não temos, portanto, tempo mental para adquirir outros conhecimentos além daqueles que hão de nos ajudar na luta pelas coisas que consideramos importantes.

Há muito o que dizer sobre a visão estreitamente utilitária da educação. Não temos tempo de aprender tudo antes de começar a ganhar a vida e não resta dúvida de que o conhecimento "útil" é muito útil. Foi ele que construiu o mundo moderno. Sem ele não teríamos máquinas, automóveis, ferrovias nem aviões. Não teríamos também a propaganda moderna, deve-se acrescentar. O conhecimento moderno trouxe uma imensa melhoria nos níveis de saúde e descobriu, também, como exterminar toda a população das grandes cidades com gases venenosos. Tudo o que distingue o nosso mundo atual das épocas anteriores tem sua fonte no conhecimento "útil". Mas como nenhuma nação o possui ainda em quantidade suficiente, não resta dúvida de que a educação deve continuar a promovê-lo.

Deve-se admitir também que uma boa parte da educação cultural tradicional era totalmente descabida. Ensinava-se gramática grega e latina durante anos a fio a meninos que, no final das contas, não tinham capacidade nem vontade (com raras e honrosas exceções) de ler os originais dessas línguas. Sob qualquer ponto de vista, o ensino de história e de línguas modernas é preferível ao grego e ao latim. São disciplinas não apenas mais úteis, mas capazes de proporcionar muito mais cultura em muito menos tempo. Para um italiano do século XV era diferente, pela simples razão de que quase tudo o que havia de relevante para se ler, fora de sua própria língua, vinha escrito em grego ou em latim, que por isso constituíam as chaves do acesso à cultura. Mas grandes literaturas se desenvolveram desde então nas diversas línguas modernas, além de que o desenvolvimento da civilização foi tão rápido que o conhecimento da antigüidade tornou-se muito menos útil para a compreensão dos problemas atuais do que o conhecimento das nações modernas e sua história. O ponto de vista do mestre-escola tradicional, tão respeitável na época do renascimento do saber, tornou-se pouco a pouco demasiado estreito, porque ignorava tudo o que ocorrera no mundo a partir do século XV. E não apenas as línguas modernas e a história, mas também as ciências, quando adequadamente ensinadas, contribuem para a cultura. Pode-se afirmar, portanto, que a educação deve ter outros propósitos além da utilidade imediata, sem que isto implique a defesa do currículo tradicional. Utilidade e cultura, quando concebidas de maneira abrangente, mostram-se menos incompatíveis do que possa parecer aos fanáticos defensores de cada uma.

Além das situações em que cultura e utilidade imediata se podem combinar, o conhecimento que não contribui para a eficiência técnica possui diversas formas de utilidade indireta. Eu creio que muitos aspectos negativos do mundo moderno poderiam ser minimizados se houvesse mais incentivo a esse tipo de conhecimento e repúdio à procura insaciável da mera competência profissional.

Quando a atividade consciente dos indivíduos fica totalmente concentrada num único propósito, o resultado, na maioria dos casos, é uma perda de equilíbrio seguida de alguma espécie de distúrbio nervoso. Os homens que dirigiam a política alemã durante a guerra cometeram erros, como por exemplo a insensata campanha submarina que trouxe a América para o lado dos aliados. Tratava-se de um erro evidente para qualquer observador isento, mas que eles não foram capazes de julgar lucidamente devido ao excesso de concentração mental e à falta de descanso. Coisas assim podem ser observadas sempre que os homens se engajam em tarefas que impõem uma tensão prolongada sobre os impulsos espontâneos. Quando as tarefas são, de fato, tão importantes e exeqüíveis quanto esses fanáticos supõem, o resultado pode ser espetacular. Mas, na maioria dos casos, essa estreiteza de perspectivas leva à desconsideração de forças contrárias poderosas, ou faz com que tais forças tenham o aspecto de obra do demônio, a ser enfrentada por meio da punição e do terror. Adultos e crianças têm necessidade de lazer, isto é, de períodos de atividade sem outro propósito além do gozo imediato. Mas para que o lazer sirva à sua finalidade é necessário que se tenha prazer e interesse em assuntos não relacionados ao trabalho.

As diversões das modernas populações urbanas tendem a ser cada vez mais passivas e coletivas, consistindo na observação inativa das habilidades dos outros. Não resta dúvida de que essas diversões são melhores do que nenhuma diversão, mas nada que se compare com as de uma população que tivesse adquirido, através da educação, uma ampla gama de interesses inteligentes não relacionados ao trabalho. Uma organização econômica mais adequada, que permitisse à humanidade beneficiar-se da produtividade das máquinas, levaria com certeza a um grande aumento do lazer, e lazer de sobra só é tedioso para quem não dispõe de uma boa quantidade de interesses e atividades inteligentes. Para que uma população ociosa seja feliz, ela deve ser uma população educada, e educada com uma visão de um deleite mental equivalente à da utilidade imediata do conhecimento técnico.

Quando o componente cultural na formação do conhecimento é assimilado com êxito, ele forma o caráter dos pensamentos e desejos das pessoas, levando-as a se ocuparem, ao menos em parte, de temas amplos e impessoais, e não apenas de seus interesses imediatos. É muito difundida a suposição fácil de que as capacidades adquiridas por meio do conhecimento serão usadas em benefício da sociedade. A concepção estreitamente utilitária da educação ignora a necessidade de os indivíduos serem tão bem treinados em seus propósitos quanto em suas qualificações. A natureza humana não-treinada contém um forte componente de crueldade, que se apresenta de várias formas, grandes e pequenas. Na escola, os meninos tendem a ser cruéis com os novos alunos, ou com aqueles que vestem roupas diferentes da maioria. Muitas mulheres (e não poucos homens) gostam de fazer sofrer por meio da maledicência. Os espanhóis gostam de touradas; os ingleses, de caçadas. São esses mesmos impulsos cruéis os que assumem formas mais graves na perseguição aos judeus na Alemanha e aos *kulaks* na Rússia. Toda forma de imperialismo lhes proporciona um campo de ação, e na guerra eles são santificados como a forma mais elevada do dever social.

Mas se por um lado é preciso admitir que as pessoas altamente instruídas são às vezes cruéis, eu creio não haver dúvida de que o são menos freqüentemente do que aquelas cujas mentes permaneceram incultas. O valentão da escola raramente é um menino que tira notas acima da média. Os líderes dos linchamentos quase que invariavelmente são homens ignorantes. Não porque o refinamento mental produza sentimentos humanitários positivos, ainda que possa fazê-lo, mas porque cria outros interesses que não o de maltratar o próximo, e fontes de auto-estima que prescindem da afirmação pela dominação. As duas coisas mais universalmente desejadas são o poder e a admiração. Pessoas ignorantes só podem obtê-los, de um modo geral, por meios brutais, que supõem a conquista da supremacia física. A cultura proporciona às pessoas formas menos nocivas de poder e meios mais dignos de se fazerem admiradas. Galileu fez mais do que qualquer monarca para mudar o mundo, e seu poder era incomensuravelmente maior do que o de seus perseguidores. Não tinha, por conseguinte, nenhuma razão para querer se tornar ele próprio um perseguidor.

A vantagem mais importante do conhecimento "inútil" é, talvez, a de incentivar a atitude mental contemplativa. O mundo tem revelado uma exagerada tendência para a ação, não apenas uma ação sem prévia e adequada reflexão, mas também uma ação em momentos em que a sabedoria teria aconselhado a inação. Esta tendência se manifesta de muitas formas, algumas bem curiosas. Ostenta-se Hamlet como uma terrível advertência contra o pensamento sem ação, mas não se ostenta Othelo como advertência contra a ação sem pensamento. Alguns professores, como Bergson, do alto de um certo esnobismo de homem prático, vilipendia a filosofia e diz que a vida em seu máximo fulgor seria parecida com uma carga de cavalaria. De minha parte, penso que a ação é melhor quando provém de uma profunda percepção do universo e do destino humano, e não de ferozes impulsos passionais de auto-afirmação, românticos mas desproporcionados. O hábito de buscar-se mais prazer no pensamento do que na ação constitui uma salvaguarda contra a imprudência e contra a paixão pelo poder, um modo de preservar a serenidade diante do infortúnio e a paz de espírito em meio à aflição. A vida confinada ao estritamente pessoal se torna, cedo ou tarde, insuportavelmente dolorosa. Somente através das janelas abertas para um universo maior e menos tormentoso é que os momentos mais trágicos podem ser suportados.

As vantagens da atitude mental contemplativa variam do mais trivial ao mais profundo. Para começar, por pequenos aborrecimentos como pulgas, trens atrasados e sócios intratáveis. Problemas como esses não parecem dignos de reflexões sobre a primazia do heroísmo e a transitoriedade do sofrimento humano, e no entanto a irritação que provocam acaba com o bom humor e a alegria de viver de muita gente. Nessas horas há que se buscar consolo em eventuais partículas de sabedoria que tenham relação, real ou imaginária, com o problema do momento, e, mesmo que não tenham, sirvam para desligar o pensamento da situação presente. Quando formos atacados por uma dessas pessoas que ficam brancas de raiva, é bom lembrar o capítulo do *Tratado das Paixões,* de Descartes, intitulado "Por que se deve temer mais as pessoas que ficam brancas de raiva do que as que ficam vermelhas". Quando nos impacientamos com as dificuldades que se interpõem no caminho da cooperação internacional, podemos nos aliviar pensando no santo rei Luís IX, que, antes de partir para as Cruzadas, aliou-se ao Velho da Montanha, que aparece nas *Mil e Uma Noites* como a fonte obscura de metade das maldades do mundo. Diante da rapacidade opressiva dos capitalistas, podemos nos consolar com a lembrança de Brutus, esse modelo de virtude republicana que, tendo emprestado dinheiro à cidade à taxa de 40%, contratou um exército privado para sitiá-la quando deixou de receber os juros.

O aprendizado de curiosidades não apenas torna menos desagradáveis as coisas desagradáveis, como torna ainda mais agradáveis as coisas agradáveis. Eu passei a gostar mais de pêssegos e abricós desde que soube que seu cultivo provém da China dos primórdios da dinastia Han, que foram introduzidos na Índia pelos reféns chineses do grande rei Kaniska, de onde se espalharam para a Pérsia, alcançando o Império Romano no primeiro século de nossa era. Ao aprender que a palavra "abricó" deriva da mesma raiz latina de "precoce", porque o abricó amadurece cedo, e que o *a* do início da palavra foi acrescentado por engano, devido a um erro etimológico. Tudo isso torna mais doces essas frutas.

Há cerca de cem anos, alguns filantropos bem-intencionados fundaram sociedades "para a difusão do conhecimento útil". O resultado foi que as pessoas deixaram de apreciar o delicioso sabor do conhecimento "inútil". Ao abrir ao acaso a *Anatomia da Melancolia,* de Burton, num dia em que me sentia ameaçado por esse estado de espírito, descobri a existência de uma "matéria melancólica" que, enquanto alguns acreditam ser produzida pelos quatro humores, "para Galen é produzida por apenas três, excluindo-se a fleuma, afirmação cuja veracidade é sustentada com vigor por Valerius e Menardus, bem como por Fuscius, Montaltus e Montanus. Como pode (dizem eles) o branco tornar-se negro?". Apesar deste argumento irrespondível, Hercules da Saxônia e Cardan, Guianerius e Laurentius são (assim relata Burton) de opinião contrária. Acalmada por essas reflexões históricas, minha melancolia, causada por três ou por quatro humores, se dissipou. Como remédio para o excesso de zelo, sou capaz de imaginar poucas medidas mais eficazes do que um curso de controvérsias ancestrais.

Mas se os prazeres triviais da cultura têm seu lugar como alívio para os aborrecimentos triviais da vida prática, os méritos mais importantes da contemplação estão relacionados aos grandes males da vida – a morte, a dor e a crueldade – e à marcha cega das nações para o desnecessário desastre. Para que suas vidas não se tornem secas e ásperas, e para que não sejam preenchidas com atos triviais de auto-afirmação, as pessoas que não conseguem mais encontrar conforto na religião dogmática precisam de algum tipo de substituto. O mundo de hoje está cheio de grupos egocêntricos e radicais, incapazes de ver a vida humana como totalidade, e muito mais dispostos a destruir a civilização do que a ceder um milímetro sequer em suas posições. Para este tipo de estreiteza não há quantidade de instrução técnica que sirva de antídoto. Como se trata de uma questão de psicologia individual, o antídoto há de ser encontrado na história, na biologia, na astronomia e em todos os campos de estudo que, sem destruir o amor-próoprio, permitem ao indivíduo ver a si mesmo numa perspectiva justa. O que se necessita não é de tal ou qual informação específica, mas do conhecimento que inspire uma concepção da finalidade da vida humana como um todo: arte e história, familiaridade com a vida das pessoas heróicas, além de um certo entendimento da posição estranhamente acidental e efêmera do homem no cosmos – tudo isso permeado do sentimento de orgulho daquilo que é distintivo do ser humano: o poder de ver e conhecer, de sentir com magnanimidade e de pensar com entendimento. É da combinação do discernimento amplo com a emoção impessoal que brota a sabedoria.

A vida, sempre plena de dor, tem sido mais dolorosa em nossa época do que nos dois séculos precedentes. A tentativa de fugir da dor impele o homem à trivialidade, ao auto-engano, à invenção de grandiosos mitos coletivos. Mas esses paliativos transitórios não fazem senão multiplicar, a longo prazo, as fontes de sofrimento. As desgraças públicas e privadas só podem ser dominadas por meio da interação entre a vontade e a inteligência. A vontade se recusando a participar do mal e não aceitando soluções irreais, e a inteligência compreendendo-o, encontrando um remédio se for o mal remediável e, se não for, relativizando-o para torná-lo suportável, aceitando-o como inevitável e lembrando tudo o que existe fora dele, em outras regiões, em outras épocas e nos abismos do espaço interestelar.

A Arquitetura do Ócio

Desde as épocas mais remotas, a arquitetura tem dois objetivos: o primeiro, puramente utilitário, de proporcionar abrigo e calor. O segundo, de natureza política, de marcar a humanidade com uma idéia, expressa no esplendor da pedra. O primeiro objetivo era suficiente para a moradia dos pobres, mas os templos dos deuses e os palácios dos reis eram desenhados para inspirar o temor dos poderes celestes e de seus favoritos terrenos. Só em casos excepcionais eram glorificadas as comunidades, não os monarcas: a Acrópole de Atenas e o Capitólio de Roma exibiam a majestade imperial dessas orgulhosas cidades para a edificação moral de seus súditos e aliados. Buscavam-se qualidades estéticas nos edifícios públicos, mais tarde nos palácios dos plutocratas e imperadores, mas não nos casebres dos camponeses, nem nos frágeis cortiços dos proletários urbanos.

No mundo medieval, apesar da maior complexidade da estrutura social, a motivação artística na arquitetura era ainda mais restrita, pois os castelos dos poderosos eram projetados com critérios militares e só acidentalmente possuíam beleza. Não foi o feudalismo, mas a Igreja e o comércio que fizeram surgir as melhores construções da Idade Média. As catedrais exibiam a glória de Deus e de Seus bispos. Foi na Itália, berço da plutocracia moderna, que a arquitetura comercial atingiu a perfeição. Veneza, a noiva do mar, cidade que desviava os cruzados e aterrorizava os monarcas unidos da cristandade, criou um novo tipo de beleza majestática no Palácio dos Doges e nas residências dos príncipes mercadores. Ao contrário dos rudes barões do norte, os magnatas urbanos de Veneza e Gênova não tinham necessidade de isolamento nem de defesas, e viviam lado a lado, criando cidades onde tudo o que estivesse à vista do estrangeiro que não fosse demasiado curioso era esteticamente satisfatório e digno de admiração. Em Veneza, particularmente, a dissimulação da sujeira era mais fácil: os bairros miseráveis ficavam escondidos em becos retirados, não observáveis pelos usuários das gôndolas. Nunca, desde então, a plutocracia alcançou um sucesso tão perfeito e completo.

A Igreja, na Idade Média, construiu não apenas catedrais, mas também outros tipos de edifícios, mais relevantes para nossas necessidades modernas: abadias, monastérios, conventos e universidades. Todos eles foram projetados para acolher uma vida social pacífica. Nesses edifícios, tudo o que se destinava aos indivíduos tinha um caráter simples e espartano, ao passo que o que se destinava à comunidade era belo e espaçoso. A humildade do monge era satisfeita com uma cela rigorosamente nua, e o orgulho da congregação se exibia na amplidão magnífica dos salões, capelas e refeitórios. Na Inglaterra, a maior parte dos monastérios e abadias sobreviveu como ruínas, para o deleite dos turistas, mas as universidades, como Oxford e Cambridge, ainda fazem parte da vida da nação, conservando a beleza do comunalismo medieval.

Com a expansão da Renascença no norte da Europa, os barões incultos da França e Inglaterra cuidaram de adquirir o refinamento dos italianos ricos. Enquanto os Médicis casavam suas filhas com os reis, os poetas, pintores e arquitetos ao norte dos Alpes copiavam os modelos florentinos, e os aristocratas trocavam seus castelos por casas de campo que, indefesas em face de assaltos, marcavam a nova estabilidade de uma nobreza elegante e civilizada. Mas esta estabilidade foi destruída pela Revolução Francesa, e desde então os estilos tradicionais de arquitetura perderam sua vitalidade. Eles sobrevivem onde as velhas formas de poder sobrevivem, como nos acréscimos de Napoleão ao Louvre, embora a vulgaridade ostentosa desses acréscimos exibam a sua própria instabilidade.

São duas as formas típicas da arquitetura do século XIX, e elas se devem respectivamente à produção mecânica e ao individualismo democrático: a fábrica, com suas chaminés, e as fileiras de casas das famílias trabalhadoras. Enquando a fábrica representa a organização econômica gerada pela produção industrial, as casas representam o ideal de segregação social de uma população essencialmente individualista. Os grandes edifícios das áreas onde o valor do solo é elevado apresentam uma unidade meramente arquitetural, não social: são blocos de escritórios, edifícios de apartamentos e hotéis cujos ocupantes, em vez de formar comunidades, como nos monastérios, se esforçam o mais possível para não tomar conhecimento da existência de seus vizinhos. E em todo lugar onde o valor da terra é relativamente baixo reafirma-se o princípio da casa unifamiliar. À medida que nos aproximamos de Londres ou de qualquer grande cidade do norte da Inglaterra, por trem, passamos por uma infinidade de ruas com esse modelo de habitação, no qual cada casa é o centro da vida individual, cabendo ao escritório, à fábrica e à mina, dependendo da localidade, representar a vida comunitária. A vida social exterior à família, até onde a arquitetura possa assegurar, é exclusivamente econômica: toda necessidade não-econômica deve ser satisfeita no âmbito da família ou permanecer latente. Se julgarmos os ideais sociais de cada época pela qualidade estética de sua arquitetura, os últimos cem anos constituem certamente o nível mais baixo já atingido pela humanidade.

A relação entre a fábrica e o casario enfileirado ilustra uma curiosa incoerência da vida moderna. Enquanto o problema da produção vem envolvendo segmentos sociais cada vez mais numerosos, nossa perspectiva geral em relação aos problemas que nos parecem situados fora da esfera da política e da economia vai se tornando cada vez mais individualizante. Isto se verifica não só em questões de arte e cultura, onde o culto da auto-expressão conduziu a uma revolta anárquica contra todo tipo de tradição e convenção, mas também – talvez como reação ao fenômeno da superpopulação – na vida cotidiana dos homens comuns e, mais ainda, das mulheres comuns. Na fábrica há, forçosamente, uma vida social, que gerou os sindicatos, mas em casa cada família almeja o próprio isolamento. "Eu me reservo para mim mesma", dizem as mulheres. Seus maridos, por sua vez, gostam de imaginá-las em casa, sentadas à espera do chefe da família. Esses sentimentos levam as esposas a suportar, e até mesmo preferir, a casa unifamiliar, a cozinha unifamiliar, o trabalho doméstico unifamiliar e o cuidado unifamiliar dos filhos quando não estão na escola. O trabalho é duro, a vida monótona, e a mulher, uma espécie de prisioneira em sua própria casa. Mas mesmo com os nervos em frangalhos, tudo isso lhe parece melhor do que um modo de vida comunitário, porque o isolamento familiar é para ela um importante fator de auto-estima.

A preferência por esse tipo de arquitetura está relacionada ao *status* da mulher. Apesar do feminismo e do direito de voto, a posição das esposas, sobretudo na classe trabalhadora, não mudou muito em relação ao que era antes. A esposa ainda depende dos rendimentos do marido e não recebe nenhum salário, por mais árduo que seja o seu trabalho. Sendo profissionalmente uma pessoa de prendas domésticas, ela gosta de ter sua casa para cuidar. A aspiração às oportunidades de iniciativa pessoal, comum à maioria dos seres humanos, não tem para ela outra válvula de escape a não ser o lar. O marido, por sua vez, gosta de sentir que sua esposa trabalha para ele e dele depende economicamente. Mais ainda, o grau de satisfação que sua esposa e sua casa proporcionam ao seu instinto de propriedade não poderia ser alcançado com nenhum outro tipo de arquitetura. Devido à possessividade conjugal, marido e mulher sacrificam com prazer o desejo eventual de uma vida social mais intensa para que o outro não tenha ocasiões de encontrar membros potencialmente perigosos do sexo oposto. Portanto, mesmo que a vida do casal seja tolhida, e a vida da mulher desnecessariamente trabalhosa, nenhum deles aspira a uma organização diferente da sua existência social.

Nada seria desta forma se a maioria das esposas ganhassem a vida trabalhando fora de casa. Nas grandes cidades já há mulheres casadas exercendo profissões liberais em quantidade suficiente para nos proporcionar uma aproximação da situação ideal. As mulheres precisam de uma cozinha comunitária para aliviá-las do trabalho das refeições e de uma escola maternal para cuidar de seus filhos durante as horas de trabalho. Em geral se supõe que a mulher casada lamente a necessidade de trabalhar fora de casa. Se, por outro lado, no fim do dia ela tem ainda de executar as tarefas comuns das esposas que não trabalham fora, estará se sujeitando a uma enorme sobrecarga. Uma arquitetura adequada, no entanto, poderia poupar às mulheres a maior parte do trabalho doméstico e do cuidado dos filhos, com vantagens para elas próprias, seus maridos e seus filhos. Neste caso, a substituição das tradicionais obrigações de esposas e mães pelo trabalho profissional seria um ganho evidente. Todo marido de uma esposa antiquada se convenceria disso se tivesse de substituí-la em suas tarefas durante uma simples semana.

O trabalho da esposa do trabalhador nunca se modernizou porque não é remunerado. Na verdade, é um trabalho em parte desnecessário e em parte passível de ser repartido entre especialistas diversos. Para que isto se realize, a primeira reforma seria de natureza arquitetônica. Trata-se de garantir as mesmas vantagens comunitárias que existiam nos monastérios medievais, sem o celibato, suprindo as necessidades dos filhos.

Vamos primeiro considerar as desvantagens desnecessárias do atual sistema, no qual toda a vida doméstica proletária é autocontida, seja na forma da casa unifamiliar ou dos cômodos dos blocos de apartamentos.

Os piores males recaem sobre as crianças. Antes de atingirem a idade escolar, elas desfrutam quantidades ínfimas de sol e ar, e sua alimentação é provida por mães pobres, ignorantes e atarefadas, sem condições de preparar refeições diferenciadas para os adultos e as crianças. Ficando o tempo todo pelo caminho enquanto as mães cozinham e cumprem suas rotinas, acabando irritadiças e sujeitas a um tratamento áspero, só eventualmente alternado com carinhos. Não têm liberdade, espaço, nem ambientes onde suas atividades naturais sejam inofensivas. Esta combinação de circunstâncias tende a torná-las instáveis, neuróticas e ensimesmadas.

Para a mãe, os males também são muito graves. Ela é obrigada a cumprir as obrigações de babá, cozinheira e arrumadeira, para as quais não foi treinada. Quase que inevitavelmente, seu desempenho deixa a desejar, está sempre cansada, e vê nos filhos mais motivos de aborrecimento que de felicidade. O marido fica livre quando termina a jornada de trabalho, mas ela nunca tem direito a qualquer lazer, o que no final só lhe deixa irritação, estreiteza mental e inveja.

Para o homem as desvantagens são menores, porque ele passa menos tempo junto à família. Em casa, é provável que fique irritado com as lamúrias da esposa e o "mau" comportamento dos filhos. Culpa a esposa quando devia culpar a arquitetura, e as conseqüências desagradáveis vão variar de acordo com o seu grau de brutalidade.

Não digo que as coisas sejam sempre assim, em toda parte, mas afirmo que, quando não são, é porque a mãe se vale de uma dose excepcional de autodisciplina, bom senso e vigor físico. E é óbvio que um sistema que exige qualidades excepcionais dos seres humanos só excepcionalmente terá êxito. A perversidade deste sistema não é refutada pela existência de uns poucos exemplos em que seus defeitos não aparecem.

Para sanar todos esses problemas de uma só vez, basta que seja introduzido um componente comunitário na arquitetura. As casas isoladas, assim como os blocos de apartamentos com cozinhas individuais, deveriam ser demolidos. Em seu lugar seriam erguidos conjuntos de edifícios em torno de uma praça central, com o lado sul rebaixado para a penetração da luz solar. Haveria uma cozinha comum, um amplo salão de refeições e um outro destinado ao lazer, reuniões e sessões de cinema. Na praça central ficaria a escola maternal, construída de modo tal que as crianças não pudessem causar dano a si mesmas nem a objetos frágeis: não haveria degraus, fogões, nem estufas expostos ao contato, os pratos e copos seriam feitos de material inquebrável, e se procuraria ao máximo evitar a presença de objetos que criassem a necessidade de se dizer "não" às crianças. Em dias de tempo bom, a escola funcionaria ao ar livre e, com mau tempo, em salões abertos num dos lados. Todas as refeições seriam feitas na escola, proporcionando às crianças, a baixo custo, uma alimentação mais saudável do que aquela que suas mães lhes podem dar. Entre o fim do aleitamento e a idade escolar, as crianças passariam o dia todo, da primeira à última refeição, na escola maternal, tendo oportunidade de se divertirem com o mínimo de supervisão necessária à sua segurança.

Para as crianças, o ganho seria enorme. A saúde delas se beneficiaria do ar, do sol, do espaço e da boa comida. Seu caráter só teria a ganhar com a liberdade e o afastamento da atmosfera de queixas e proibições constantes em que a maioria dos trabalhadores passam seus primeiros anos. A liberdade de movimentos que só um ambiente especialmente planejado é capaz de proporcionar com segurança às crianças pequenas poderia, na escola maternal, ser quase ilimitada, resultando daí o desenvolvimento natural da audácia e das aptidões físicas, como ocorre com os jovens animais. As constantes restrições aos movimentos das crianças pequenas, fonte de mal-estar e timidez na vida adulta, será absolutamente inevitável enquanto elas viverem no ambiente dos adultos. A escola maternal seria, portanto, tão benéfica ao seu caráter quanto à sua saúde.

Para as mulheres, as vantagens seriam igualmente grandes. Encerrada a fase do aleitamento, elas poderiam deixar os filhos, durante o dia, a cargo de mulheres especialmente treinadas no cuidado de crianças. Não teriam o trabalho de fazer compras, cozinhar e lavar a louça. Sairiam para trabalhar de manhã e voltariam para casa à noite, tal como seus maridos, e, como eles, teriam horas de trabalho e horas de lazer. Veriam os filhos de manhã e à noite, tempo bastante para o afeto, mas não para a exaustão nervosa. Mães que passam o dia inteiro com seus filhos quase nunca têm energia para brincar com eles; os pais costumam brincar com os filhos muito mais do que as mães. Mesmo o mais afetuoso dos adultos está fadado a achar as crianças irritantes se não tiver momentos de descanso de suas clamorosas exigências de atenção. Separados durante as horas de trabalho, mãe e filhos se sentiriam mais afetuosos do que se tivessem passado o dia inteiro juntos e confinados. Depois da imparcialidade das funcionárias da creche, os filhos, fisicamente cansados mas mentalmente em paz, poderiam desfrutar as atenções da mãe. O lado prazeroso da vida em família sobreviveria, sem o lado aflitivo e destrutivo do afeto.

Os grandes salões públicos, que poderiam ter a riqueza arquitetônica dos salões das antigas universidades britânicas, aliviariam a sordidez e o confinamento dos pequenos cômodos. Beleza e espaço não precisariam mais ser prerrogativa dos ricos. Acabaria a irritação decorrente de viverem amontoados em lugares acanhados e que muito freqüentemente destrói a vida familiar.

Tudo isso seria conseqüência de uma reforma arquitetônica.

Robert Owen foi muito ridicularizado, há mais de um século, por seus "paralelogramos cooperativos", que eram uma tentativa de garantir aos trabalhadores as vantagens da vida colegiada. Mas ele se equivocou ao considerar seus "paralelogramos" como unidades produtivas e não apenas como lugares de residência. A tendência da produção industrial, desde o início, foi atribuir muita importância à produção e pouquíssima ao consumo e à vida cotidiana, com resultado da ênfase nos lucros, que são associados somente à produção. A fábrica tornou-se científica e levou a divisão do trabalho a níveis inimagináveis, ao passo que a vida doméstica permanece até hoje não-científica e ainda lança inúmeras responsabilidades sobre os ombros da mãe superatarefada. O predomínio da motivação do lucro traz como conseqüência natural que as esferas mais insatisfatórias, desorganizadas e azarosas da atividade humana sejam aquelas das quais não se espera nenhuma vantagem pecuniária.

Devo admitir, porém, que os mais poderosos obstáculos a essa reforma arquitetônica que acabo de sugerir residem na psicologia dos próprios assalariados. Por mais que resistam, as pessoas gostam da privacidade do "lar", onde encontram satisfação para seu orgulho e sua possessividade. A vida comunal e celibatária, como a dos monastérios, não gera este tipo de problema; são o casamento e a família que criam o instinto de privacidade. Eu não creio que a cozinha privada, com uma equipagem que vá além do fogareiro de uso ocasional, seja realmente necessária à satisfação desse instinto. Creio que o apartamento devidamente mobiliado seria suficiente para as pessoas acostumadas à privacidade, mas é sempre difícil mudar os hábitos pessoais. A aspiração à independência, no entanto, talvez faça com que as mulheres pouco a pouco passem a ganhar o próprio sustento trabalhando fora de casa, o que, por sua vez, tornaria desejável o sistema que estamos propondo. O feminismo ainda está num estágio inicial de desenvolvimento entre as mulheres da classe trabalhadora, mas é provável que cresça, exceto na hipótese de uma reação fascista. Em seu devido momento, esta motivação levará as mulheres, quem sabe, a optar pela cozinha comunitária e pela escola maternal. Não será dos homens que partirá o desejo de mudança. Os assalariados do sexo masculino, mesmo os socialistas e comunistas, raramente sentem necessidade de uma mudança no *status* de suas esposas.

De todo modo, a construção de "paralelogramos cooperativos" do tipo que venho defendendo poderia acontecer, em larga escala, como parte de um amplo movimento socialista, dado que a motivação do lucro por si só nunca poderia criá-los. A saúde e o caráter das crianças, assim como os nervos das esposas, continuarão a sofrer as piores conseqüências enquanto a ânsia de lucro regular a atividade econômica. Há coisas que a motivação do lucro pode realizar, outras que não pode; dentre as que não pode está o bem-estar das mulheres e crianças da classe trabalhadora e – o que pode parecer ainda mais utópico – o embelezamento dos subúrbios. Ainda que estejamos acostumados a encarar a sordidez dos subúrbios como algo tão inevitável quanto os ventos de março e as brumas de novembro, isto não corresponde à verdade. Se os subúrbios fossem construídos pelas municipalidades e não pelas empresas privadas, com ruas planejadas e casas parecidas com os alojamentos universitários, não haveria razão para não serem um colírio para os nossos olhos. A sordidez, tanto quanto a aflição e a pobreza, é parte do preço que pagamos por continuarmos escravos da motivação do lucro privado.

As Finanças do Ócio

A história do rei Midas e o Toque de Ouro é conhecida pelos que cresceram ouvindo os Contos de Tanglewood. Este rei ilustre, que gostava de ouro acima de todas as coisas, foi agraciado por Deus com o privilégio de converter em ouro tudo o que tocasse. De início ele ficou encantado, mas, ao se dar conta de que a comida virava metal sólido antes que pudessse engoli-la, começou a ficar preocupado e, quando viu a própria filha petrificar-se ao receber um beijo seu, implorou a Deus, aterrorizado, que lhe retirasse esse dom. Desde então, ele soube que o ouro não é a única coisa de valor na vida.

Apesar de esta ser uma história simples, o mundo tem tido muita dificuldade de aprender sua moral. Quando os espanhóis conquistaram o ouro do Peru, no século XVI, pensaram que a melhor coisa a fazer era conservar em suas mãos o precioso metal, o que os levou a impor toda sorte de obstáculos à sua exportação. Como conseqüência, o ouro simplesmente fez elevar os preços em todo o reino, sem tornar a Espanha nem um pouco mais rica do que antes em mercadorias reais. Ver-se na posse do dobro de dinheiro talvez fosse um motivo de grande satisfação para o orgulho do súdito, mas, se o dobrão de um dia só comprava a metade do que comprava na véspera, o ganho era apenas metafísico, não lhe proporcionando mais comida, mais bebida, uma casa melhor, nem qualquer outra vantagem tangível. Os ingleses e os holandeses, menos poderosos do que os espanhóis, tiveram de se contentar com o que hoje é a costa leste dos Estados Unidos, região desprezada na época porque não tinha ouro. Como fonte de riqueza, no entanto, esta parte do globo provou ser incalculavelmente mais produtiva do que as regiões auríferas do Novo Mundo, cobiçadas por todas as nações nos tempos da rainha Elizabeth.

Apesar de este episódio ter se tornado um lugar-comum no que se refere à História, sua aplicação aos problemas atuais parece estar acima da capacidade mental dos governos. A economia sempre foi vista de um modo completamente invertido, o que hoje é mais verdadeiro do que nunca. O que aconteceu a esse respeito no fim da guerra é tão absurdo que fica difícil acreditar que os governos fossem formados por adultos e não por gente fugida do hospício. Queriam punir a Alemanha, e a maneira consagrada de fazê-lo era impondo uma indenização. A indenização foi cobrada. Até aí, tudo bem. Mas a quantia que queriam fazer a Alemanha pagar era imensamente maior do que todo o ouro do país, e até do mundo inteiro. Tornava-se, portanto, matematicamente impossível para os alemães pagarem, a não ser em bens: ou os alemães pagavam em bens ou simplesmente não pagavam.

De repente, os governos lembraram que tinham por hábito medir a prosperidade das nações pelo excedente das exportações sobre as importações. Quando um país exporta mais do que importa, diz-se que tem uma balança comercial favorável; caso contrário, diz-se que a balança é desfavorável. Ao imporem uma indenização em ouro maior do que a Alemanha podia pagar, e fazendo-a pagar em bens, os governos haviam decretado que este país teria uma balança comercial favorável no comércio com os aliados, que por sua vez ficariam com uma balança comercial desfavorável. Para seu espanto e horror, descobriram estar inadvertidamente fazendo pela Alemanha o que consideravam um benefício, isto é, estimulando o seu comércio exterior. A este argumento de ordem geral, outros mais específicos foram acrescentados. A Alemanha não produz nada que não possa ser produzido pelos aliados, o que fez com que a ameaça da competição alemã fosse percebida em toda parte. Os ingleses não queriam o carvão alemão porque a sua própria indústria de minério de carvão estava em crise. Os franceses não queriam produtos siderúrgicos alemães porque estavam empenhados no aumento de sua própria produção siderúrgica, com a ajuda do minério de ferro recém-adquirido da Lorena. E assim por diante. Os aliados, portanto, estavam determinados a punir a Alemanha com um pagamento compulsório e, ao mesmo tempo, decididos a obstaculizar todas as formas de pagamento.

Para essa situação insana, encontraram uma solução insana. Decidiu-se emprestar à Alemanha tudo o que ela devia pagar. Na verdade, os aliados disseram: "Não podemos perdoar a indenização por se tratar de uma justa punição pelos seus crimes. Por outro lado, não podemos permitir que vocês paguem, do contrário nossas indústrias estarão arruinadas. Então, nós lhes emprestaremos o dinheiro e vocês nos pagarão o empréstimo. Desta forma estamos salvaguardando nossos princípios e nos protegendo de eventuais prejuízos. Quanto ao prejuízo de vocês, esperamos que esteja apenas sendo adiado."

Mas essa solução não podia, obviamente, ser temporária. Os subscritores dos empréstimos à Alemanha queriam os seus juros, e em relação ao pagamento dos juros houve o mesmo dilema do pagamento das indenizações. Os alemães não podiam pagar os juros em ouro, e as nações aliadas não queriam que eles pagassem em mercadorias. Tornou-se então necessário emprestar-lhes o dinheiro para pagar os juros. É claro que, cedo ou tarde, as pessoas acabariam se cansando desse jogo. Se as pessoas param de emprestar a um país por não terem o retorno esperado, o crédito do país fica mal visto. E, quando isto ocorre, as pessoas começam a exigir o pagamento do que lhes é devido. Mas, como dissemos, isto era impossível para os alemães. Daí as muitas quebras, primeiro na própria Alemanha, depois entre aqueles a quem os alemães falidos deviam, depois entre aqueles a quem estes últimos deviam e assim por diante. Resultado: depressão universal, miséria, fome, ruína e toda a sucessão de desastres que vêm se abatendo sobre o mundo.

Não estou aqui sugerindo que as indenizações alemãs foram a única causa de nossos problemas atuais. As dívidas dos aliados com os Estados Unidos também contribuíram, assim como, em grau menor, todas as dívidas privadas e públicas em que devedor e credor estavam separados por uma muralha tarifária que dificultava os pagamentos em mercadorias. As indenizações alemãs, se de fato não constituem a fonte de todos os problemas, são, no entanto, um dos mais claros exemplos da confusão de idéias que tornou tão difícil resolvê-los.

A confusão de idéias que está na raiz de nossos infortúnios é a que existe entre os pontos de vista do consumidor e do produtor, ou, mais exatamente, do produtor num sistema competitivo. Quando as indenizações foram impostas, os aliados se viram como consumidores: pareceu-lhes interessante fazer os alemães trabalharem para eles como escravos temporários e poder consumir, sem trabalhar, aquilo que eles produzissem. Depois de concluído o Tratado de Versalhes, eles lembraram de repente que eram também produtores e que o afluxo de mercadorias alemãs que estavam exigindo arruinaria as suas indústrias. Tão confusos ficaram que começaram a coçar as cabeças, o que de nada adiantou, mesmo quando se propuseram a fazê-lo todos ao mesmo tempo, na chamada Conferência Internacional. O fato é que as classes dirigentes do mundo são ignorantes e estúpidas demais para achar uma solução para este problema, e presunçosas demais para pedir conselhos a quem poderia ajudá-las.

Para simplificar nosso problema, vamos supor que uma das nações aliadas fosse um único indivíduo, um Robinson Crusoe vivendo numa ilha deserta. Os alemães seriam obrigados, pelo Tratado de Versalhes, a lhe fornecer de graça todos os bens que satisfizessem suas necessidades básicas. Mas, se ele agisse da forma como agiram as potências, diria: "Não, não me traga carvão, porque isto arruinaria minha indústria de carvão vegetal; não me traga pão, isto arruinaria minha agricultura e minha moenda, que é primitiva mas engenhosa; não ma traga roupas, pois eu tenho uma indústria nascente de vestuário de peles de animais. Mas não seria mau se vocês me trouxessem ouro, porque ele não me trará prejuízo; vou guardá-lo numa caverna e não vou usá-lo para nada. Mas nada me fará aceitar o pagamento em bens que eu possa utilizar." Se nosso imaginário Robinson Crusoe reivindicasse isso, diríamos que a solidão o tinha privado da razão. E, no entanto, é exatamente o que todas as grandes nações disseram aos alemães. Quando uma nação, não um indivíduo, é acometida de loucura, considera-se que esteja dando uma notável demonstração de sabedoria industrial.

A única diferença relevante entre Robinson Crusoe e uma nação é que Robinson Crusoe organiza seu tempo com sensatez, ao contrário da nação. Se um indivíduo obtém roupa de graça, não irá gastar seu tempo fazendo roupa. Mas as nações acham que devem produzir todas as coisas de que precisam, a não ser que exista um obstáculo natural, o clima por exemplo. Se as nações tivessem juízo, estipulariam, através de acordos internacionais, qual delas deveria produzir o que, em vez de ficar tentando cada uma produzir tudo. Ninguém tenta produzir as próprias roupas, os próprios sapatos, a própria comida, a própria casa e assim por diante, pois toda pessoa sabe perfeitamente bem que, se o fizesse, teria de se contentar com um nível muito baixo de conforto. Mas as nações ainda não compreendem o princípio da divisão do trabalho. Se compreendessem, teriam permitido à Alemanha pagar com certos tipos de mercadorias, que elas próprias deixariam então de produzir. Quem perdesse o emprego poderia aprender outro ofício às expensas do setor público. Para isso, seria necessário, no entanto, organizar a produção, o que é contrário à ortodoxia nos negócios.

As superstições em torno do ouro são estranhamente arraigadas, tanto entre os que lucram com elas como entre aqueles a quem elas trazem desgraças. No outono de 1931, quando os franceses forçaram os ingleses a abandonar o padrão-ouro, imaginavam que lhes estariam causando um sério prejuízo, com o que concordava a maioria dos ingleses. Um sentimento de humilhação, uma espécie de vergonha nacional, varreu a Inglaterra. No entanto, todos os melhores economistas aconselhavam o abandono do padrão-ouro, e a experiência provou que eles estavam certos. Os homens que exercem o controle prático da atividade bancária são tão ignorantes que o governo britânico teve de ser obrigado, pela força, a fazer o que era melhor para os interesses britânicos. Um inesperado benefício que a França proporcionou à Inglaterra por pura inimizade.

De todas as ocupações consideradas úteis, uma das mais

absurdas é a mineração do ouro. O ouro é extraído do solo na África do Sul e transportado, com infindáveis cuidados contra roubo e acidentes, para Londres, Paris e Nova York, onde é novamente colocado debaixo da terra, nas caixas-fortes dos bancos. Ele bem poderia permanecer debaixo da terra na própria África do Sul. É possível que as reservas bancárias já tenham tido a sua utilidade na época em que se supunha que elas poderiam ser usadas quando surgisse a ocasião, mas, depois que se adotou a política de não permitir que elas baixassem além de um certo mínimo, esse valor tornou-se irrelevante. Se decido poupar 100 libras para uma emergência, estou sendo prudente. Mas se decido que, por mais pobre que fique, nunca vou gastar as 100 libras, elas deixam de fazer parte de minha fortuna e não fará a menor diferença se eu me livrar delas. É exatamente esta a situação das reservas bancárias se elas não forem gastas em absolutamente nenhuma circunstância. Constitui, evidentemente, uma relíquia da barbárie a idéia de que todo o crédito nacional deva estar lastreado em ouro. Nas transações privadas internas dos países, o uso do ouro desapareceu. Antes da guerra ele ainda era usado em pequenas operações, mas as pessoas que cresceram depois da guerra mal conhecem o aspecto de uma moeda de ouro. Mas ainda há quem acredite que, por força de algum tipo de mágica misteriosa, a estabilidade financeira do mundo depende dos estoques de ouro nos bancos centrais dos países. Durante a guerra, quando o transporte de ouro se tornou perigoso por causa dos submarinos, esta ficção foi levada mais longe ainda. De todo o ouro extraído da África do Sul, julgava-se que uma parte estivesse nos Estados Unidos, uma parte na Inglaterra, uma parte na França e assim por diante, quando na verdade ele estava na própria África do Sul. Por que então não levar a ficção um pouco mais adiante e supor que o ouro foi todo extraído, mesmo que ele permaneça quieto debaixo da terra?

Na teoria, a vantagem do ouro é que ele constitui uma salvaguarda contra a desonestidade dos governos. Tudo estaria muito bem se houvesse alguma forma de obrigar os governos a aderir ao ouro numa crise, mas na prática o que eles fazem é abandonar o ouro sempre que lhes parece conveniente. Todos os países europeus que participaram da última guerra depreciaram as suas moedas, e assim fazendo repudiaram uma parte de suas dívidas. A Alemanha e a Áustria repudiaram a totalidade de suas dívidas internas por meio da inflação. A França reduziu o franco a um quinto de seu valor, repudiando dessa forma quatro quintos de toda a dívida pública computada em francos. A libra esterlina hoje não vale mais de três quartos de seu valor original em ouro. Os russos disseram francamente que não pagariam suas dívidas, o que foi considerado um crime: o repúdio respeitável exige uma certa etiqueta.

O fato é que os governos, como as pessoas, pagam suas dívidas por ser do seu interesse fazê-lo, do contrário não o fariam. Uma garantia puramente legal como o padrão-ouro é inútil em épocas de tensão e desnecessária em outras épocas. Um indivíduo pode considerar a honestidade lucrativa, à medida que antevê a necessidade de pedir emprestado novamente e a possibilidade de fazê-lo. Mas uma vez esgotada a sua capacidade de crédito, ele é capaz de considerar a inadimplência mais vantajosa. A posição de um governo diante de seus governados é diferente de sua posição em face dos outros países. O governo tem a nação à sua mercê, e a única razão para que ele seja honesto com seus cidadãos é a necessidade de fazer novos empréstimos internos. Quando não existe mais nenhuma perspectiva de empréstimo interno, como foi o caso da Alemanha após a guerra, o governo paga a um outro país para que desvalorize a sua moeda e liquida desse modo toda a sua dívida interna.

Quanto à dívida externa, a questão é outra. Quando a Rússia repudiou sua dívida com os outros países, teve de enfrentar uma guerra contra todo o mundo civilizado, além de uma propaganda hostil e feroz. Em geral, as nações não estão em situação de enfrentar este tipo de coisa e são, portanto, cautelosas com relação à dívida externa. É este fato, e não o padrão-ouro, que torna relativamente seguro emprestar dinheiro aos governos. A segurança não é muita, mas não pode ser maior enquanto não existir um governo internacional.

O grau de dependência das transações econômicas em relação à força armada não é geralmente percebido. A riqueza é adquirida, em parte, através da habilidade nos negócios, mas esta habilidade só pode florescer em um ambiente de poderio militar e naval. Foi com o uso da força armada que os holandeses tomaram Nova York dos índios, que os ingleses a tomaram dos holandeses, os americanos dos ingleses. Quando se descobriu petróleo nos Estados Unidos, ele era propriedade dos cidadãos americanos. Mas quando se descobre petróleo em países menos poderosos, ele passa a ser, por bem ou por mal, propriedade dos cidadãos de alguma das grandes potências. Este processo é de alguma forma disfarçado, mas nos bastidores a ameaça da guerra está sempre à espreita e é esta ameaça latente que garante as negociações.

O que vale para o petróleo vale também para a moeda e a dívida. Quando é do interesse de um governo depreciar a sua moeda ou repudiar a sua dívida, ele o faz. Algumas nações produzem, é verdade, um grande barulho sobre a importância moral de se pagar a dívida, mas são sempre nações credoras. E se estas são ouvidas pelas nações devedoras, não é porque são eticamente convincentes, mas porque são poderosas. Só existe, portanto, uma forma de assegurar-se a estabilidade da moeda, que é o estabelecimento, de fato, senão de direito, de um único governo mundial, único detentor de forças armadas. Só este governo estaria interessado numa moeda estável e só ele poderia instituir uma moeda com um poder de compra constante em termos da média das mercadorias. Esta é a única estabilidade verdadeira que o ouro não possui. As nações soberanas não irão aderir ao ouro, mesmo em momentos de tensão. O argumento de que o ouro garante a estabilidade da moeda é, portanto, sob qualquer ponto de vista, uma falácia.

Tenho sido reiteradamente alertado, por pessoas que se consideram implacáveis realistas, para o fato de que os homens de negócios querem, em geral, enriquecer. Mas a simples observação me convenceu de que as pessoas que me expunham tal convicção, longe de serem realistas, eram idealistas sentimentais totalmente cegas aos fatos mais patentes do mundo em que vivem. Se o desejo de enriquecer dos homens de negócios fosse mais ardente do que o de conservar a pobreza alheia, o mundo logo se tornaria um paraíso. Os bancos e a moeda constituem um exemplo extraordinário. É, obviamente, do interesse geral da comunidade dos negócios a estabilidade da moeda e a segurança do crédito. Para que essas duas premissas se concretizem, é evidentemente necessário que exista um único banco central mundial e uma única moeda, um papel-moeda administrado de maneira a manter os preços médios tão constantes quanto possível. Essa moeda não precisará ser lastreada por reservas em ouro, mas pelo crédito do governo mundial, cujo órgão financeiro seria o banco central único. Tudo isso é tão claro que qualquer criança pode entender. E, no entanto, nenhum homem de negócios defende nada parecido. Por quê? Por causa do nacionalismo, isto é, porque estão mais interessados em manter pobres os estrangeiros do que em ficar ricos eles próprios. Uma outra razão é a psicologia do produtor. Parece um truísmo dizer que a única utilidade do dinheiro é poder ser trocado por mercadorias, e no entanto são poucas as pessoas para quem esta verdade é ao mesmo tempo emocional e racional. Em quase toda transação, o vendedor sai mais satisfeito do que o comprador. Quando compramos um par de sapatos, toda a engrenagem da arte de vender é acionada sobre nós, de modo que, para o vendedor, é como se tivesse conquistado uma pequena vitória. Nós nunca pensamos: "Que bom que me livrei daqueles papeizinhos asquerosos que eu não podia comer nem vestir e que agora tenho este magnífico par de sapatos novos." Atribuímos menos importância às coisas que compramos do que às coisas que vendemos. A não ser quando a oferta é limitada. Quem compra uma obra-prima de um mestre da pintura fica mais satisfeito do que quem a vende. Mas o mestre, quando era vivo, ficava sem dúvida mais satisfeito por vender seus quadros do que ficavam seus clientes por comprá-los. O razão psicológica que nos faz preferir vender do que comprar é a maior importância dada ao poder do que ao prazer. Esta não é uma característica universal: há os esbanjadores, que preferem uma vida curta e festiva. No entanto, o tom competitivo de nossa época é dado pela característica dos indivíduos vigorosos e bem-sucedidos. Na época em que a maior parte da riqueza era adquirida por herança, a psicologia do produtor era menos dominante do que hoje. É a psicologia do produtor que torna as pessoas mais ansiosas para vender do que para comprar e que leva os governos a se empenharem na risível tentativa de criar um mundo em que todas as nações vendem e nenhuma compra.

A psicologia do produtor é complicada por uma circunstância que distingue as relações econômicas de todas as outras. Para quem produz e vende mercadorias existem duas classes especialmente importantes de pessoas: os concorrentes e os clientes. Os concorrentes os prejudicam, os clientes os beneficiam. Os concorrentes são conhecidos e relativamente pouco numerosos, ao passo que os clientes estão espalhados e são em sua maioria desconhecidos. Há, portanto, uma propensão a se ter mais consciência dos concorrentes que dos clientes. Isto pode não ser o caso dentro de seu próprio grupo, mas com toda certeza é o caso quando se trata de um grupo estranho, de modo que os grupos estranhos acabam sendo vistos como portadores de interesses econômicos opostos aos seus. Daí deriva a crença no protecionismo. As nações estrangeiras são vistas mais como produtores concorrentes do que como clientes potenciais, de modo que as pessoas se predispõem a perder os mercados externos para evitar a concorrência estrangeira. Havia, certa vez, numa pequena cidade, um açougueiro que ficou furioso com os outros açougueiros, porque eles roubaram a sua clientela. Para arruiná-los, ele converteu a cidade inteira ao vegetarianismo, e viu depois, com espanto, que se arruinara também. A insensatez deste homem parece inacreditável e, no entanto, ela não é maior do que a das grandes potências. Ao perceberem que o comércio exterior enriquece as outras nações, todas ergueram barreiras tarifárias para destruí-lo. Para seu espanto, descobriram que haviam sido tão prejudicadas quanto suas concorrentes. Nenhuma foi capaz de lembrar que o comércio é recíproco e que a nação estrangeira que lhe vende é a mesma que lhe compra, direta ou indiretamente. Não se lembraram deste fato porque o ódio às nações estrangeiras tornou-as incapazes de pensar com clareza a respeito do comércio exterior.

Na Grã-Bretanha, o conflito entre ricos e pobres, base de todas as divisões partidárias desde o fim da guerra, tornou a maioria dos industriais incapaz de entender o problema da moeda. Como finanças representam riqueza, há entre os ricos a tendência de seguir a liderança dos banqueiros e financistas. Na verdade, os interesses dos banqueiros têm sido contrários aos dos industriais: a deflação que convém aos banqueiros paralisou a indústria britânica. Eu não tenho a menor dúvida de que, não fosse o voto dos trabalhadores, a política britânica desde a guerra teria consistido em uma acirrada luta entre financistas e industriais. Na prática, porém, os financistas e industriais se uniram contra os trabalhadores, os industriais apoiaram os financistas e o país foi levado à beira da ruína. O que o salvou foi o fato de os financistas terem sido derrotados pelos franceses.

Não apenas na Grã-Bretanha, mas no mundo inteiro os interesses dos financistas têm sido, nos anos recentes, contrários aos interesses do público em geral. E não é provável que esta situação mude por si mesma. É improvável que uma comunidade moderna prospere se os seus assuntos financeiros forem conduzidos com vistas ao exclusivo interesse dos financistas, sem atentar para os efeitos produzidos sobre o restante da população. Neste caso, não é prudente deixar os financistas de mãos livres para buscar seus lucros. Talvez se possa administrar um museu visando o lucro de seu curador, deixando-o livre para vender peças do acervo sempre que aparecer uma oferta tentadora. Há atividades em que a motivação do lucro privado conduz à promoção do interesse geral, mas há outras em que isto não acontece. As finanças hoje pertencem, definitivamente, à segunda categoria, independente de como tenha sido no passado. O resultado é a necessidade cada vez maior de ingerência governamental no sistema financeiro. É necessário considerarmos finanças e indústria como um único conjunto, e ter como meta a maximização dos lucros deste conjunto, não do sistema financeiro isoladamente. As finanças são mais poderosas do que a indústria quando uma é independente da outra, mas os interesses da indústria geralmente estão mais próximos aos da comunidade do que os interesses das finanças. O poder excessivo do setor financeiro é o motivo pelo qual o mundo chegou à crise atual.

Em todos os lugares onde a minoria conquistou o poder, ela o fez com a ajuda de alguma superstição que dominava a maioria. Os sacerdotes do antigo Egito descobriram como prever os eclipses que aterrorizavam a massa do povo e desse modo conseguiam arrancar do povo oferendas e poderes. Os reis eram tidos como divinos, razão pela qual Cromwell foi acusado de sacrilégio quando cortou a cabeça de Charles I. Em nossos dias, os financistas se apóiam no respeito supersticioso pelo ouro. O cidadão comum fica mudo de espanto quando ouve falar de reservas de ouro, emissão de moeda, inflação, deflação, reflação e todo o resto desta algaravia. Ele acha que quem é capaz de falar sobre esses temas com desembaraço deve ser uma pessoa muito instruída e não ousa questionar o que escuta. Ele não sabe do papel insignificante que o ouro desempenha nas transações modernas e ficaria completamente perdido se tentasse explicar quais são as suas funções. Tem um vago pressentimento de que seu país estará provavelmente mais seguro se guardar uma grande quantidade de ouro, de modo que fica feliz quando as reservas sobem e triste quando elas caem.

Esta reverência desinteligente por parte do público em geral é exatamente do que precisa o financista para não se deixar afetar pela democracia. É certo que ele aufere outras vantagens ao lidar com a opinião da maioria. Sendo imensamente rico, pode comprar a subserviência da parte mais influente da opinião acadêmica através de doações às universidades. Estando à frente da plutocracia, é o líder natural de todos aqueles cujo pensamento político é dominado pelo medo do comunismo. Detentor do poder econômico, ele pode distribuir, ao seu bel-prazer, prosperidade e ruína para nações inteiras. Mas eu duvido que essas armas fossem suficientes sem a ajuda da superstição. É notável que, apesar da importância da economia para todos os homens, mulheres e crianças, este tema raramente seja estudado nas escolas e, mesmo nas universidades, somente por uma minoria. E, como se não bastasse, mesmo esta minoria não tem acesso a um ensino desvinculado dos interesses políticos envolvidos na matéria. Poucas são as instituições que a ensinam sem o viés plutocrático, pois de um modo geral a economia é ensinada de maneira a glorificar o *status quo*. Eu quero crer que tudo isso esteja ligado ao fato de que a superstição e o mistério são úteis aos detentores do poder financeiro.

Nas finanças, como na guerra, quase todos os que possuem competência técnica têm também tendências contrárias aos interesses da coletividade. Os especialistas militares são o principal obstáculo ao sucesso das Conferências de Desarmamento. Não que sejam homens desonestos, mas suas preocupações habituais os impedem de enxergar a questão dos armamentos na perspectiva adequada. O mesmo se aplica às finanças. Quase ninguém as conhece em detalhes, exceto as pessoas que se dedicam a ganhar dinheiro com o atual sistema, pessoas cujos pontos de vista, evidentemente, não podem nunca ser totalmente imparciais. Para remediar o atual estado de coisas será necessário que as democracias do mundo tomem consciência da importância das finanças e descubram formas de simplificar seus princípios, de maneira a torná-las amplamente compreensíveis. Devo admitir que isto não é fácil, mas não creio que seja impossível. Um dos obstáculos ao êxito da democracia em nossa época é a complexidade do mundo moderno, que torna cada vez mais difícil ao cidadão comum formar opiniões inteligentes sobre questões políticas ou mesmo decidir qual é o julgamento especializado mais merecedor da sua confiança. A solução neste caso é melhorar a educação e encontrar outras maneiras mais simples do que as que estão em voga de explicar a estrutura da sociedade. Todos os que crêem numa democracia efetiva deveriam defender uma tal reforma. Mas talvez não exista mais ninguém que creia na democracia, exceto no Sião e nas regiões mais remotas da Mongólia.

A Política do Ócio

A grande maioria dos socialistas de hoje são discípulos de Karl Marx, de quem herdaram a convicção de que a única força política capaz de criar o socialismo é a cólera dos proletários despossuídos contra os proprietários dos meios de produção. Como uma reação inevitável, aqueles que não são proletários decidiram, com relativamente poucas exceções, que o socialismo é algo a que se deve resistir. Quando ouvem os que se proclamam seus inimigos pregarem a luta de classes, sentem-se naturalmente inclinados a começar a luta eles próprios, enquando ainda detêm o poder. O fascismo é uma retaliação ao comunismo, uma retaliação formidável. Enquanto o socialismo for pregado em termos marxistas, ele provocará antagonismos tão poderosos que seu êxito se tornará a cada dia mais improvável nos países desenvolvidos do Ocidente. De toda forma, ele provocaria a oposição dos ricos, mas seria uma oposição menos feroz e generalizada.

De minha parte, embora eu seja um socialista tão convicto quanto o mais ardente dos marxistas, não vejo o socialismo como o evangelho da vingança proletária e nem mesmo, primordialmente, como um meio de garantir a justiça econômica. Eu o vejo mais que tudo como um ajustamento à produção mecânica, demandado por considerações de senso comum e calculado para aumentar a felicidade não apenas dos proletários, mas da totalidade da raça humana, com a exceção de uma ínfima minoria. E se ele não pode ser hoje conquistado sem uma sublevação violenta, isso se deve em boa medida à violência de seus defensores. Mas ainda tenho esperança de que uma defesa mais razoável possa abrandar a oposição e provocar a transição menos catastrófica possível.

Comecemos pela definição do socialismo. A definição deve ter duas partes, a econômica e a política. A parte econômica consiste na propriedade estatal do máximo poder econômico, que abarca, pelo menos, as terras e os minerais, os capitais, os bancos, o crédito e o comércio exterior. A parte política exige que o máximo poder político seja democrático. O próprio Marx, assim como a quase totalidade dos socialistas antes de 1918, não faria qualquer objeção a esta parte da definição, mas desde que os bolcheviques dissolveram a Assembléia Constituinte, na Rússia, desenvolveu-se uma doutrina diferente, segundo a qual, quando um governo socialista obtem êxito por meio de uma revolução, o poder político deve caber exclusivamente aos seus defensores mais ardorosos. Claro, é preciso admitir que depois de uma guerra civil nem sempre é possível devolver de imediato aos derrotados os seus direitos civis, mas nesse caso também não é possível estabelecer de imediato o socialismo. Um governo socialista que tenha realizado a parte econômica do socialismo não terá completado sua tarefa enquanto não tiver conquistado apoio popular suficiente para tornar possível o governo democrático. A necessidade de democracia fica evidente se considerarmos um caso extremo. Um déspota oriental pode decretar que todos os recursos naturais do território são sua propriedade e nem por isso estará estabelecendo um regime socialista. Sem controle popular, não há motivo para se esperar que o Estado conduza seus empreendimentos econômicos com objetivos diferentes de seu próprio enriquecimento e, neste caso, a exploração apenas assumirá uma nova forma. A democracia deve, pois, ser aceita como parte da definição de um regime socialista.

Com relação à parte econômica da definição, é necessário primeiro esclarecer alguns pontos, já que existem formas de empreendimento privado que alguns considerariam compatíveis com o socialismo e outros não. Deve um pioneiro poder construir, para seu uso, uma cabana de madeira num pedaço de terra arrendado pelo Estado? Sim, mas daí não se conclui que se deve permitir a construção privada de arranha-céus em Nova York. Da mesma forma, uma pessoa pode emprestar um xelim a um amigo e nem por isso um financista deve poder emprestar dez milhões a uma companhia ou governo estrangeiro. É uma questão de grau e de fácil ajuste, já que uma grande quantidade de formalidades legais são necessárias nas grandes transações, mas não nas pequenas. Nas situações em que tais formalidades são indispensáveis, o Estado tem a oportunidade de exercer o seu controle. Consideremos um outro exemplo: jóias não são capital no sentido econômico, por não constituírem meios de produção. Mas, do jeito como as coisas funcionam atualmente, um possuidor de diamantes pode vendê-los e comprar ações. Sob o socialismo, as pessoas poderão ter diamantes, mas não poderão vendê-los para comprar ações, simplesmente porque não haverá ações a serem compradas. A riqueza privada não precisará ser legalmente proibida, somente o investimento privado, resultando daí que, como ninguém será credor de juros, a riqueza privada se dissolverá pouco a pouco, exceto no que diz respeito a uma razoável quantidade de bens pessoais. O poder econômico sobre os seres humanos não deve pertencer a nenhum indivíduo. A única propriedade privada que deve sobreviver é a que não cria poder econômico.

As vantagens que se pode esperar do estabelecimento do socialismo, supondo-se que ele seja possível sem uma guerra revolucionária devastadora, são de tipos muito diversos e de modo algum se limitam à classe dos assalariados. Não creio absolutamente que essas vantagens possam resultar da vitória de um partido socialista em um conflito de classes longo e difícil, que exacerbaria os ânimos, levaria ao primeiro plano militares cruéis, deitaria a perder por morte, exílio ou prisão o talento de especialistas valiosos, e daria ao governo vitorioso uma mentalidade de caserna. Todos os méritos que reivindico para o socialismo têm como pressuposto que ele virá à luz por meio da persuasão, e que a força porventura necessária servirá apenas para derrotar pequenos grupos de descontentes. Estou convencido de que, se a propaganda socialista fosse conduzida com menos ódio e amargura, apelando não à inveja, mas à óbvia necessidade de organização econômica, a tarefa de convencimento seria enormemente facilitada e a necessidade de força, reduzida na mesma proporção. Eu desaprovo o uso da força, a não ser em defesa daquilo que foi legalmente estabelecido por meio da persuasão, porque (a) provavelmente ela não terá sucesso; (b) a luta será desastrosamente destrutiva; e (c) depois de uma guerra obstinada, os vitoriosos esquecerão seus objetivos originais e instituirão algo totalmente diferente, provavelmente uma tirania militar. Considero, portanto, que a capacidade de convencer a maioria a aceitar as suas doutrinas é o pressuposto necessário de um socialismo bem-sucedido.

Seguem-se nove argumentos em favor do socialismo, nenhum

deles novo e nem todos de igual importância. A lista poderia ser indefinidamente ampliada, mas eu creio que estes são suficientes para mostrar que o socialismo não é o evangelho de uma única classe.

O colapso da motivação do lucro

O lucro, como categoria econômica independente, somente se torna claro a partir de um certo estágio de desenvovimento industrial. Mas o seu germe pode ser visto nas relações entre Robinson Crusoe e Sexta-Feira. Vamos supor que, no outono, Robinson tenha conquistado, com sua espingarda, o controle de todo o suprimento de comida da ilha. Ele está, portanto, em posição de obrigar Sexta-Feira a trabalhar na preparação da colheita do ano seguinte, entendendo-se que Sexta-Feira se manterá vivo e que a totalidade do excedente irá para seu empregador. Aquilo que Robinson Crusoe recebe sob tal contrato deve ser considerado o juro sobre seu capital, que é constituído das poucas ferramentas e da comida estocada que ele possui. Mas o lucro, tal como acontece em condições mais civilizadas, envolve a circunstância adicional da troca. Um fabricante de pano, por exemplo, não faz tecidos só para si mesmo e sua família. Ele tem outras necessidades a serem satisfeitas, e para adquirir esses bens terá de vender a maior parte de sua produção. Para fabricar o tecido, porém, ele deverá comprar alguns insumos: algodão cru, máquinas, trabalho e energia. O seu lucro provém da diferença entre o que paga por esses insumos e o que recebe pelo produto acabado. Se, no entanto, é ele quem administra a própria fábrica, deve-se deduzir o salário do gerente que seria pago para fazê-lo; quer dizer, o lucro do fabricante consiste no ganho total menos o ganho do hipotético gerente. Num grande negócio, em que os acionistas não executam nenhum trabalho administrativo, o que eles recebem é o lucro do empreendimento. Quem tem dinheiro para investir é movido pela expectativa do lucro, que é, portanto, o móvel determinante da escolha dos novos empreendimentos a serem iniciados e dos antigos a serem ampliados. Os defensores de nosso sistema atual partem do suposto de que a expectativa do lucro levaria, no conjunto, à produção das mercadorias certas nas quantidades certas. No passado, isto era até certo ponto verdade, mas hoje já não é mais assim.

Isto é conseqüência do caráter complexo da produção moderna. Se sou um remendão de aldeia à moda antiga e as pessoas me trazem seus sapatos para consertar, eu sei que haverá demanda para o produto do meu trabalho. Mas se sou um grande fabricante de sapatos, empregando maquinaria cara, preciso estimar a quantidade de pares de sapatos que serei capaz de vender e não é improvável que erre na minha estimativa. Outro fabricante pode ter uma maquinaria melhor e ser capaz de vender sapatos mais baratos, ou meus antigos clientes podem ficar mais pobres e aprender a fazer seus sapatos durarem mais, ou ainda a moda pode mudar e meus clientes passarem a demandar um tipo de sapato que não sou capaz de produzir com minhas máquinas. Se acontece uma dessas coisas, não apenas eu deixo de obter lucros, como minhas máquinas ficam ociosas e meus empregados, sem trabalho. O trabalho utilizado na fabricação de minhas máquinas, que acabou não resultando na produção de mercadorias úteis, terá sido tão inútil quanto areia jogada no mar. Os homens demitidos do emprego não estarão mais produzindo bens para servir às necessidades humanas, e a comunidade terá empobrecido na proporção do gasto que terá de fazer para livrá-los da miséria. Vivendo do seguro-desemprego e não do salário, as pessoas passam a gastar muito menos, causando, por conseguinte, desemprego entre os que produzem as mercadorias que elas consumiam. E, assim, o erro de cálculo inicial quanto ao número de sapatos que eu posso vender com uma certa margem de lucro produz, pouco a pouco, círculos cada vez mais amplos de desemprego, acompanhado da redução da demanda. Quanto a mim, sigo atado à minha dispendiosa maquinaria, que provavelmente absorveu todo o meu capital e meu crédito, o que me impossibilita mudar repentinamente do ramo dos sapatos para outra indústria mais próspera.

Consideremos agora um ramo de negócio mais especulativo: a construção naval. Durante a guerra, e por algum tempo depois dela, houve uma imensa demanda de navios. Como ninguém sabia quanto tempo a guerra ia durar, e nem se os submarinos teriam êxito, fizeram-se preparativos extremamente cuidadosos para construir uma quantidade de navios jamais vista. Em 1920, as perdas de guerra já haviam sido repostas e a demanda de navios sofreu um decréscimo repentino devido à redução do comércio marítimo. Quase todas os estaleiros ficaram ociosos e a grande maioria dos trabalhadores foi demitida. Eles não mereciam tal infortúnio, já que o próprio governo os conclamara freneticamente a construir navios o mais rápido que pudessem. Mas, sob nosso sistema de livre iniciativa, os governos não assumem nenhuma responsabilidade pelos que ficam sem trabalho. Inevitavelmente, a miséria se espalhou. A demanda de aço foi reduzida, atingindo a indústria siderúrgica. A demanda de carne argentina e australiana diminuiu, porque o desempregado tinha de se contentar com uma dieta mais magra. Em conseqüência, diminuiu a demanda de manufaturados que Austrália e Argentina compravam em troca de sua carne. E assim indefinidamente.

Há uma outra razão muito importante para o fracasso da

motivação do lucro nos dias atuais: a ausência de escassez. Certos tipos de mercadorias custam menos quando produzidas em grande escala. Nesse caso, o modo de produção mais econômico talvez fosse uma única fábrica mundial para cada uma dessas mercadorias. Mas como a situação atual resulta de um desenvolvimento gradativo, o resultado é que existem muitas fábricas. Cada uma acha que se estivesse sozinha no mercado poderia abastecer o mundo inteiro e obter lucros enormes. Na prática existem diversos concorrentes, nenhum funcionando a plena capacidade, e nenhum, portanto, seguro de operar com lucro. Isto leva ao imperialismo econômico, porque a única possibilidade de lucro repousa no controle exclusivo de um grande mercado. Enquanto isso, os concorrentes mais fracos vão enfrentando dificuldades e fechando suas fábricas, e quanto maior a unidade que se fecha, maior o transtorno. A concorrência leva a um tal excesso de produção que as mercadorias já não podem ser vendidas com lucro. Por outro lado, a redução da oferta é demasiado lenta, uma vez que, onde a maquinaria é muito cara, pode ser menos desastroso operar com prejuízo durante anos a fio do que não produzir.

Todas essas desordens e desarranjos são conseqüência de se permitir que a grande indústria moderna seja governada pela motivação do lucro privado.

No regime capitalista, o custo que determina se um certo produto será fabricado por uma determinada firma é o custo para aquela firma, não para a comunidade. Vamos ilustrar esta diferença com um caso imaginário. Suponhamos que alguém – o Sr. Henry Ford, por exemplo – invente uma forma de fabricar automóveis tão baratos que ninguém poderá competir com ele, resultando daí a falência de todos os outros fabricantes de automóveis. Para se estimar o custo desses novos carros para a coletividade, deve-se acrescentar, aos custos do Sr. Ford, a exata proporção de todas as fábricas que pertenciam às firmas falidas, bem como o custo de recuperação e treinamento dos operários e administradores que elas empregavam e que agora estão sem trabalho. (Alguns poderão arranjar emprego com o Sr. Ford, mas não todos, uma vez que o novo processo é mais barato e requer menos trabalho.) Talvez haja também outras despesas para a comunidade – disputas trabalhistas, greves, distúrbios, policiamento extra, processos e prisões. Quando todos esses itens forem contabilizados, talvez se descubra que o custo dos novos carros para a coletividade é, de início, consideravelmente mais alto que o dos velhos. Neste exemplo, seria o custo para a coletividade o que determinaria a decisão socialmente vantajosa, ao passo que, em nosso sistema, é o custo para o fabricante individual que determina o que de fato irá acontecer.

Mais adiante tentarei explicar como o socialismo trataria desse problema.

A possibilidade do lazer

Devido à produtividade das máquinas, precisa-se hoje de muito menos trabalho do que antes para proporcionar um padrão aceitável de conforto à espécie humana. Alguns autores afirmam que uma jornada diária de uma hora bastaria, mas tal estimativa talvez não leve em consideração a Ásia, por exemplo. Eu prefiro pensar, para estar seguro de minha posição, que quatro horas de trabalho diário de todos os indivíduos adultos seriam suficientes para produzir todo o conforto material que pessoas razoáveis poderiam desejar.

Hoje, porém, devido à motivação do lucro, o lazer não pode

ser distribuído de maneira uniforme: alguns ficam sobrecarregados de trabalho, outros sem trabalho nenhum. Daí decorre o seguinte: o valor do assalariado para o empregador depende da quantidade de trabalho que ele realiza: conquanto não exceda sete ou oito horas diárias, ela é considerada pelo empregador como proporcional à duração da jornada. O assalariado, por sua vez, prefere uma jornada mais longa com um bom salário a uma jornada mais curta com um salário muito mais baixo. Por isso, convém às duas partes que a jornada seja longa, deixando em apuros, ou aos cuidados das autoridades e às expensas do público, aqueles que, em conseqüência, ficam sem trabalho.

Como a maioria da espécie humana não alcança, atualmente, um nível razoável de conforto material, uma média de menos de quatro horas diárias de trabalho, se bem orientada, seria suficiente para produzir o que hoje se produz para satisfazer as necessidades básicas e os confortos elementares. Isto significa que, se a jornada de trabalho média dos que têm trabalho é de oito horas, mais da metade dos trabalhadores estariam desempregados se não existissem certas formas de ineficiência e de produção desnecessária. Tomando em primeiro lugar a ineficiência: já falamos dos desperdícios decorrentes da concorrência, mas devemos acrescentar-lhes tudo o que se gasta em publicidade e todo o trabalho altamente qualificado absorvido pela propaganda. O nacionalismo causa um outro tipo de desperdício: devido às tarifas aduaneiras, os fabricantes de automóveis americanos, por exemplo, consideram necessário construir fábricas nos principais países europeus, quando obviamente se poderia poupar trabalho se eles produzissem todos os seus automóveis em uma única instalação industrial de grande porte nos Estados Unidos. Depois, há o desperdício da indústria de armamentos e do treinamento militar que abarca a totalidade da população masculina dos países onde existe o serviço militar obrigatório. Graças a essas e outras extravagâncias, somadas aos luxos dos ricos, mais da metade da população está ainda desempregada. Mas, enquanto durar o nosso sistema atual, qualquer passo rumo à eliminação do desperdício só fará aumentar as dificuldades atuais dos assalariados.

A insegurança econômica

No estado atual do mundo não só há muita gente na miséria como a maioria dos demais vive assombrada pelo medo perfeitamente razoável de ficar miserável a qualquer momento. Os trabalhadores vivem sob o risco permanente do desemprego, os funcionários sabem que suas firmas podem falir ou precisar reduzir seu pessoal, os homens de negócios, mesmo aqueles tidos como muito ricos, sabem que não é completamente improvável perderem tudo o que possuem. Profissionais liberais enfrentam um luta dura. Depois de enormes sacrifícios para educar seus filhos, descobrem que já não há a mesma demanda para as qualificações que eles adquiriram. Os advogados percebem que as pessoas não podem mais pagar para recorrer à lei, ainda que grandes injustiças permaneçam sem solução. Os médicos descobrem que os lucrativos hipocondríacos de antes já não podem se dar ao luxo de ficar doentes, ao passo que os verdadeiros doentes têm de abrir mão de tratamentos de primeira necessidade. Acham-se homens e mulheres com formação universitária trabalhando atrás de balcões, que os livram da miséria às custas dos que antes lá estavam empregados. Em todas as classes, desde a mais baixa até quase a mais alta, o medo econômico governa os pensamentos dos homens durante o dia e seus sonhos durante a noite, tornando o trabalho exasperante e o lazer não reparador. Este terror permanente é, creio eu, a principal causa do estado de loucura que vem varrendo uma parte considerável do mundo civilizado.

O desejo de enriquecer resulta, na maioria dos casos, da aspiração à segurança. As pessoas poupam e investem seu dinheiro na expectativa de terem do que viver quando ficarem velhos e enfermos, e de evitarem que seus filhos recuem na escala social. Em épocas anteriores, esta expectativa era racional, porque ainda havia investimentos seguros. Hoje, porém, a segurança se tornou inalcançável: as maiores empresas quebram, os Estados vão à bancarrota e o que quer que ainda esteja de pé está prestes a ser varrido pela próxima guerra. A conseqüência, exceto para quem continua a construir castelos de areia, é um estado lamentável de irresponsabilidade que torna muito difícil uma reflexão saudável sobre as possíveis soluções.

A segurança econômica faria mais pela felicidade das comunidades civilizadas do qualquer outra mudança que se pudesse imaginar, salvo a prevenção da guerra. O trabalho – desde que socialmente necessário – deveria ser obrigatório por lei para todos os adultos saudáveis, mas os rendimentos deveriam depender somente da vontade de trabalhar, sem serem interrompidos caso seus serviços se tornassem, por qualquer motivo, temporariamente desnecessários. Os médicos, por exemplo, deveriam ter salários vitalícios, embora não devessem trabalhar depois de certa idade. Deveriam ter garantida uma boa educação para seus filhos. Se a saúde da coletividade melhorasse a ponto de não se precisar mais dos serviços de todos os profissionais qualificados, alguns deles poderiam ser empregados em pesquisas médicas, ou no desenvolvimento de melhorias sanitárias e de práticas alimentares. Creio não haver dúvida de que a grande maioria dos médicos seria mais feliz sob esse sistema do que sob o atual, mesmo que isto causasse a redução da remuneração dos poucos que alcançam a notoriedade.

A aspiração à riqueza extraordinária não é de forma alguma um estímulo necessário ao trabalho. Atualmente, a maioria dos homens não trabalha para enriquecer, mas para não empobrecer. Um carteiro não tem expectativa de ficar mais rico do que outro carteiro, nem um soldado ou um marinheiro espera fazer fortuna servindo ao seu país. São poucas as pessoas, é verdade – indivíduos em geral excepcionalmente enérgicos e importantes –, para quem a realização de grandes êxitos econômicos é a motivação dominante. Alguns fazem o bem, outros causam danos; alguns criam ou adotam alguma invenção útil, outros manipulam a bolsa de valores ou corrompem políticos. Mas o que todos eles querem é fundamentalmente o sucesso, cujo símbolo é o dinheiro. Se o sucesso fosse alcançável exclusivamente por outros meios, como honrarias e postos administrativos importantes, essas pessoas teriam ainda um incentivo adequado e talvez viessem a achar necessário – mais do que acham hoje – trabalhar em benefício da coletividade. A aspiração à riqueza em si mesma, por oposição à aspiração ao sucesso, não é uma motivação socialmente útil, assim como não o é a aspiração ao excesso de comida e bebida. Não haveria nada de errado, portanto, com um sistema social que não desse espaço para essa aspiração. Por outro lado, um sistema que abolisse a insegurança acabaria com a maior parte da histeria da vida moderna.

Os ricos desempregados

Os males do desemprego são reconhecidos por todos. As agruras dos trabalhadores, as perdas para a comunidade e os efeitos desmoralizantes da impossibilidade de arranjar trabalho são temas tão familiares que é desnecessário nos alongarmos sobre eles.

Os desempregados ricos são um outro tipo de mal. O mundo está cheio de gente desocupada, a maioria mulheres, que têm pouca educação, muito dinheiro e, conseqüentemente, uma enorme presunção. Sua riqueza lhes permite fazer devotar ao próprio conforto uma grande quantidade de trabalho. Embora raramente possuam verdadeira cultura, elas são as grandes benfeitoras das artes, que provavelmente só lhes agradam quando são de má qualidade. Sua inutilidade as impele a um sentimentalismo irreal, o que as leva a não apreciar a sinceridade e a exercer uma influência nefasta sobre a cultura. Nos Estados Unidos, em especial, onde os homens que ganham dinheiro vivem ocupados demais para gastá-lo consigo mesmos, a cultura é amplamente dominada por mulheres que só sabem se dar ao respeito reivindicando para os maridos o domínio da arte de ganhar dinheiro. Há quem afirme que o capitalismo é mais benéfico à arte do que seria o socialismo, mas eu creio que essas pessoas têm em mente as aristocracias do passado: elas esquecem as plutocracias do presente.

A existência de ricos desempregados tem outras conseqüências lamentáveis. Embora a tendência moderna seja, nas indústrias mais importantes, de existirem poucas grandes empresas em vez de muitas pequenas empresas, ainda há várias exceções a esta regra. Veja-se, por exemplo, a quantidade de lojas desnecessárias que há em Londres. Em todos os lugares onde as mulheres ricas fazem suas compras existem inúmeras lojas de chapéus, geralmente mantidas por condessas russas, cada uma se dizendo mais refinada do que as outras. Suas clientes vagueiam desta para a seguinte, gastando horas e horas numa compra que deveria ser questão de minutos. O trabalho dos que atendem nas lojas e o tempo dos que compram nelas é igualmente jogado fora. E há o mal adicional de que o sustento de muita gente depende desse tipo de futilidade. O poder de compra dos muito ricos gera ao seu redor um grande número de parasitas que temem ficar arruinados se não houver mais gente rica e desocupada para comprar seus artigos. São pessoas que sofrem moral, intelectual e artisticamente de uma insolúvel dependência do poder desses tolos.

A educação

A educação superior é, hoje em dia, uma prerrogativa quase exclusiva dos bem-nascidos. É certo que meninos e meninas oriundos da classe trabalhadora chegam às vezes à universidade através de bolsas de estudo, mas de modo geral eles têm de trabalhar tão duro no meio do caminho que já chegam sem energia e não conseguem realizar as perpectivas iniciais. O resultado de nosso sistema é um grande desperdício de capacidades: filhos de pais trabalhadores, meninos ou meninas, podem ter excepcionais capacidades matemáticas, musicais ou científicas, mas é muito improvável que tenham oportunidade de exercer seus talentos. Além disso, a educação ainda está totalmente impregnada de esnobismo, pelo menos na Inglaterra: nas escolas particulares e elementares, os alunos assimilam a consciência de classe a todo momento. E como a educação é, em geral, controlada pelo

Estado, a escola defende o *status quo* e precisa, portanto, tanto quanto possível, embotar a capacidade crítica dos jovens, preservando-a de "pensamentos perigosos". Deve-se admitir que isso é inevitável em todo regime inseguro, mas, ao passo que um regime socialista poderia, com o tempo, tornar-se seguro o bastante para não temer a crítica, no regime capitalista de hoje é quase impossível que isto venha a acontecer, a não ser pela implantação de um Estado escravagista em que os trabalhadores simplesmente não tenham acesso à educação. Até que o sistema econômico tenha sido transformado, portanto, não se devem esperar soluções para os problemas do nosso sistema educacional.

A emancipação da mulher e o bem-estar das crianças

Apesar de tudo o que vem sendo feito em épocas recentes para a melhoria do *status* da mulher, a grande maioria das esposas ainda depende financeiramente de seus maridos. Esta dependência é, sob diversos aspectos, pior que a do trabalhador em relação ao seu patrão. Um empregado pode largar o emprego, o que não é tão fácil para uma esposa que sequer pode exigir remuneração por mais que trabalhe duro na manutenção da casa. Enquanto persistir este estado de coisas, não se pode dizer que as esposas estejam se aproximando da igualdade econômica com os homens.

Ainda não conseguimos ver como esse problema pode ser solucionado sem a implantação do socialismo. É preciso que o Estado, e não o marido, arque com os custos da educação das crianças, e que as mulheres casadas, salvo durante o aleitamento e a parte final da gravidez, possam ganhar a vida trabalhando fora. Para isto serão necessárias reformas na arquitetura – como já falamos anteriormente –, além do estabelecimento de escolas maternais para as crianças pequenas. Isto trará um enorme benefício para as mães e sobretudo para as crianças, que precisam de condições de espaço, iluminação e alimentação impossíveis de se obter nas residências dos trabalhadores, e que, na escola maternal, podem ser fornecidas a baixo custo.

Esse tipo de mudança na situação das esposas e na educação das crianças talvez seja possível sem o socialismo total, e até já vem sendo realizada, aqui e ali, em pequena escala e de maneira incompleta. Mas não pode ser realizada completamente e de maneira adequada senão como parte de uma transformação econômica geral da sociedade.

A ARTE

Já falei dos aperfeiçoamentos arquitetônicos que se podem esperar da implantação do socialismo. Antigamente, a pintura acompanhava e adornava a arquitetura dos grandes espaços e pode voltar a fazê-lo quando a mesquinha privacidade engendrada pelo medo da concorrência der lugar ao desejo de beleza comunal. A moderna arte do cinema tem imensas possibilidades que não poderão se desenvolver enquanto a motivação dos produtores for de natureza comercial. Os escritores sabem o quanto a literatura padece com a motivação comercial: os escritores mais vigorosos sempre acabam se indispondo com algum grupo, o que leva à queda de suas vendas. É difícil para os escritores não medir o próprio mérito pelos direitos autorais, e quando livros de má qualidade podem trazer boas compensações pecuniárias é necessário muita firmeza de caráter para produzir bons livros e continuar pobre.

Deve-se admitir que, no socialismo, as coisas podem ser ainda piores. Com o monopólio estatal das editoras, o Estado poderá, facilmente, exercer uma censura intolerante. Enquanto existir oposição violenta ao novo regime isto será quase que inevitável. Mas, passado o período de transição, os livros que o Estado não quiser aceitar por falta de méritos poderão ser publicados se o seu autor achar que vale a pena custeá-los por meio de trabalho extra. Essas poucas horas não serão suficientes para gerar opressão, mas hão de servir para desencorajar escritores não totalmente convencidos de que seus livros contêm algo de valor. É importante que seja possível, mas não muito fácil, publicar um livro. Hoje em dia, os livros sobram em quantidade na mesma proporção em que carecem de qualidade.

Os serviços públicos não-lucrativos

Desde o aparecimento do governo civilizado sabe-se que existem coisas que precisam ser feitas mas que não podem ser deixadas ao sabor da motivação do lucro. A mais importante delas tem sido a guerra: ninguém, por mais convencido que esteja da ineficiência da empresa estatal, advoga que a defesa do país seja contratada a empreiteiros privados. Mas há muitas coisas que as autoridades públicas consideram necessário realizar, como estradas, portos, faróis, parques urbanos e assim por diante. Um grande setor de atividade socializada que se desenvolveu durante os últimos cem anos é a saúde pública. De início, os defensores fanáticos do *laisser-faire* levantaram objeções, mas os argumentos práticos foram esmagadores. Se a teoria da empresa privada tivesse prevalecido, muitas formas novas de se fazer fortuna poderiam ter surgido. Um portador de doença infecciosa, por exemplo, poderia contratar uma agência de publicidade para enviar circulares às companhias ferroviárias, teatros, etc. ameaçando morrer em suas dependências se não fosse paga uma soma à viúva. Mas afinal decidiu-se que a quarentena e o isolamento não deviam ser deixados ao sabor do empenho voluntário, já que o benefício era geral e a perda individual.

O aumento da quantidade e complexidade dos serviços públicos foi um dos aspectos que caracterizaram o século passado. O mais importante deles é a educação. Antes da instituição, pelo Estado, do ensino universal obrigatório, as escolas e universidades tinham procedência diversa. Certos estabelecimentos religiosos vinham da Idade Média; estabelecimentos seculares, como o Collège de France, foram criados por monarcas ilustrados da Renascença; havia também instituições de caridade para pobres favorecidos. Nenhum desses estabelecimentos tinha fins lucrativos. Mas algumas escolas visavam ao lucro, e ainda há escolas com fins lucrativos que tendem a se apoiar mais em sua nobreza do que num nível elevado de proficiência acadêmica. No conjunto, a motivação do lucro tem tido pouca influência na educação, quase sempre para pior.

Quando as autoridades públicas não executam elas próprias o trabalho, consideram necessário controlá-lo. A iluminação pública pode ser operada por empresas privadas, mas tem de ser necessariamente operada, com fins lucrativos ou não. Residências podem ser construídas por empresas privadas, mas a construção é regulamentada. Hoje é amplamente reconhecida a necessidade de uma regulamentação mais estrita. O planejamento urbano unitário, tal como concebido por Sir Christopher Wren depois do grande incêndio de Londres, poderia acabar com a imundície e a sordidez dos bairros miseráveis e subúrbios e tornar belas, agradáveis e salubres as cidades modernas. Este exemplo ilustra ainda um outro argumento contra a empresa privada neste nosso mundo tão instável. A administração de grandes unidades espaciais constitui tarefa demasiado complexa mesmo para os maiores plutocratas. Londres, por exemplo, deve ser considerada na sua totalidade, uma vez que grande parte de seus habitantes mora em uma região e trabalha em outra. Questões importantes, envolvendo grandes interesses, que abrangem dois países diferentes não podem ser tratadas por um único governo. Hoje se transportam pessoas, mercadorias e energia com muito mais facilidade, de modo que as pequenas localidades se tornaram muito menos auto-suficientes do que no tempo em que o cavalo era o mais veloz dos modos de locomoção. As centrais elétricas adquiriram uma tal importância que, se deixadas em mãos privadas, podem dar origem a um novo tipo de tirania, comparável à do barão medieval com seu castelo. Uma comunidade que depende de uma central elétrica não pode ter, evidentemente, um nível aceitável de segurança econômica se a central é livre para explorar sem limites as suas vantagens monopolísticas. A mobilidade dos bens ainda nos faz dependentes das ferrovias, e a das pessoas nos torna parcialmente dependentes, outra vez, das estradas. As ferrovias e os automóveis tornaram obsoleta a divisão das municipalidades, efeito semelhante ao dos aviões sobre as fronteiras nacionais. Assim, áreas cada vez maiores, exigindo um controle público crescente, vão se tornando cada vez mais necessárias devido ao avanço das invenções.

A guerra

Chego agora ao último e mais forte argumento em defesa do socialismo: a necessidade de evitar a guerra. Não vou perder tempo com a probabilidade nem com a malignidade da guerra, que são bem conhecidas. Vou limitar-me a duas questões: (1) Até que ponto o perigo da guerra está hoje ligado ao capitalismo? (2) Até que ponto o estabelecimento do socialismo eliminaria este perigo?

A guerra é uma instituição antiqüíssima, que não nasceu com o capitalismo, ainda que suas causas tenham sido sempre essencialmente econômicas. No passado, a guerra teve duas causas principais: as ambições pessoais dos monarcas e a ousadia expansionista de tribos e nações aguerridas. As conquistas romanas foram, em grande parte, motivadas pelos interesses pecuniários imediatos dos generais e seus legionários. Povos pastores como os árabes, hunos e mongóis foram muitas vezes impelidos a uma trajetória de conquistas devido à insuficiência de seus pastos. E a guerra sempre foi facilitada, salvo quando o monarca tinha o poder de impor a sua vontade (como nos Impérios Chinês e Romano tardio), pelo prazer que proporcionava a homens vigorosos e sedentos de vitórias, cujas façanhas os faziam admirados por suas mulheres. Mesmo tendo percorrido uma longa jornada desde seus primórdios, a guerra ainda conserva essas antigas motivações, que devem ser lembradas por todos aqueles que querem extirpá-la. A única salvaguarda definitiva contra a guerra é o socialismo internacional, mas mesmo o socialismo nacional nos principais países civilizados diminuiria enormemente a sua probabilidade, como procurarei demonstrar.

Embora o impulso aventureiro para a guerra ainda se conserve numa parte da população dos países civilizados, os motivos que levam ao desejo de paz são muito mais fortes hoje do que em qualquer outro período destes últimos séculos. A amarga experiência da última guerra ensinou às pessoas que nem mesmo aos vitoriosos ela trouxe prosperidade. E elas sabem que a próxima guerra causará perdas civis de magnitude nunca vista e de uma intensidade que a humanidade não experimenta desde a Guerra dos Trinta Anos. Sabem também que as perdas não serão limitadas, em nenhuma hipótese, a um dos lados em luta. Todos temem a destruição de suas capitais e a perda de um continente inteiro para a civilização. Os britânicos, em particular, têm consciência de que perderam sua ancestral imunidade às invasões. Essas considerações produziram um apaixonado desejo de paz na Grã-Bretanha e um sentimento similar, embora menos intenso, na maioria dos outros países.

Uma paz duradoura só pode nascer da eliminação das causas de inimizade entre as nações. Atualmente, essas causas residem antes de tudo nos interesses econômicos de alguns setores e só podem, portanto, ser abolidas por uma reconstrução econômica de base.

Tomemos a siderurgia como o mais claro exemplo da forma como as forças econômicas promovem a guerra. O fato essencial é que, com a técnica moderna, o custo de produção por tonelada é inversamente proporcional à quantidade produzida. Conseqüentemente, o lucro depende da existência de um mercado suficientemente grande. A indústria do aço dos Estados Unidos, dispondo de um mercado interno que excede em muito todos os demais, tem tido até aqui pouca necessidade de se meter em complicações políticas, a não ser agindo, quando necessário, para bloquear os esquemas de desarmamento naval. Mas as indústrias siderúrgicas alemã, francesa e britânica têm mercados menores do que exigem as suas necessidades técnicas.

Elas poderiam, é claro, assegurar certas vantagens associando-se, mas também quanto a isto há objeções econômicas. Uma grande parte da demanda de aço deriva dos preparativos de guerra, o que faz com que a indústria do aço como um todo lucre com o nacionalismo e com o aumento dos programas armamentistas nacionais. Além disso, tanto o Comité des Forges quanto o truste siderúrgico alemão preferem esmagar os rivais por meio da guerra do que dividir seus lucros com eles. E como as despesas de guerra recairão principalmente sobre terceiros, calculam que o resultado lhes será financeiramente vantajoso. Provavelmente se equivocam, mas este equívoco é natural em homens audaciosos e autoconfiantes, intoxicados pelo poder.

É claro que seria impossível para a indústria siderúrgica, assim como para as que têm interesses similares, fazer com que as grandes nações servissem aos seus propósitos se a população não acalentasse impulsos suscetíveis aos seus apelos. Na França e na Inglaterra elas apelam ao medo, na Alemanha ao ressentimento contra a injustiça, e tais motivos são perfeitamente válidos, dos dois lados. Mas se o problema fosse enfrentado com ponderação, ficaria claro para ambos os povos que um acordo equânime deixaria todo o mundo mais feliz. Não há nenhuma razão pela qual os alemães devam continuar a sofrer injustiças, e se a injustiça fosse eliminada eles não teriam mais desculpa para se comportarem de um modo que inspira medo em seus vizinhos. Mas sempre que se faz um esforço para ser calmo e razoável, a propaganda intervém na forma de apelos ao patriotismo e à honra nacional. O mundo está na condição do bêbado que quer se recuperar, mas, cercado de amigos que a toda hora lhe oferecem bebida, acaba recaindo no vício. Neste caso, os amigos são pessoas que ganham dinheiro com a sua propensão infeliz, de modo que o primeiro passo para a sua recuperação deve consistir em eliminá-los. É somente neste sentido que o capitalismo moderno pode ser considerado uma causa da guerra: não é a causa inteira, mas proporciona um estímulo essencial às outras causas. Se ele deixasse de existir, a ausência do estímulo logo levaria os homens a verem o absurdo da guerra e a se empenharem na construção de acordos equânimes que tornassem improvável a sua ocorrência futura.

A solução completa e definitiva do problema suscitado pela siderurgia e por outras indústrias que têm interesses similares está no socialismo internacional, isto é, em sua operação a cargo de uma autoridade que representasse todos os governos envolvidos. Mas a nacionalização em cada um dos principais países industriais provavelmente bastaria para eliminar o perigo premente da guerra. Se a indústria siderúrgica estivesse nas mãos do governo, e sendo este um governo democrático, ela não seria administrada em benefício próprio, mas no de toda a nação. No balanço das contas públicas, os lucros realizados pela indústria siderúrgica às expensas de segmentos da coletividade seriam compensados por perdas em outros setores; e como a renda individual não sofreria variações com os ganhos e perdas de uma indústria isolada, ninguém teria motivo para promover os interesses da siderurgia às custas do público. O aumento da produção de aço gerado pela indústria de armamentos apareceria como uma perda, por causar a redução da oferta de bens de consumo. Dessa forma, os interesses públicos e privados seriam harmonizados e desapareceriam os motivos para a propaganda enganosa.

É preciso dizer ainda algo sobre a forma pela qual o socialismo solucionaria os problemas que estamos considerando.

Em lugar da busca de lucros como motivação principal da indústria haveria o planejamento governamental. Sem dúvida é possível o governo cometer erros de cálculo, mas é menos provável que o faça do que o indivíduo privado, pois tem à sua disposição um conhecimento muito mais completo da realidade. Quando o preço da borracha subiu, todo o mundo plantou seringueiras, de modo que, passados alguns anos, a queda vertiginosa dos preços levou à conclusão de que era necessário um acordo para reduzir a produção. Uma autoridade central que controle todas as estatísticas pode evitar erros de cálculo desse tipo. Não obstante, causas imprevistas, como novas invenções, podem fazer fracassar mesmo as mais acuradas estimativas. Nestes casos, a coletividade pode ganhar promovendo transições graduais para os novos processos. Quanto aos que ficam sem trabalho, será possível sob o socialismo a adoção de medidas hoje impraticáveis devido ao medo do desemprego e à desconfiança mútua entre empregadores e empregados. Quando uma indústria decai e outra se expande, os trabalhadores mais jovens podem ser sacados da indústria que decai e treinados na que se expande. A maior parte do desemprego pode ser evitada com a redução da jornada de trabalho. Quando uma pessoa não encontrar nenhum trabalho, receberá assim mesmo o seu salário integral, pago em função da sua vontade de trabalhar. Quando o trabalho tiver de ser imposto, ele o será por meio da lei criminal e não de sanções econômicas.

Aqueles que fazem o planejamento, escolhidos pelo voto popular, serão responsáveis por encontrar o equilíbrio entre o conforto e o lazer. Se todos trabalharem quatro horas por dia haverá menos conforto do que se todos trabalharem cinco horas. Pode-se esperar que os aperfeiçoamentos tecnológicos serão, em parte, utilizados para proporcionar mais conforto e, em parte, para proporcionar mais lazer.

A insegurança econômica não mais existirá (exceto à medida que haja perigo de guerra), uma vez que todos, salvo os criminosos, terão direito a um salário, e que as despesas com as crianças serão cobertas pelo Estado. As esposas não dependerão mais dos maridos, nem se permitirá que as crianças sofram por causa das deficiências dos pais. Não haverá relação de dependência econômica entre os indivíduos, mas sim entre os indivíduos e o Estado.

Enquanto o socialismo existir somente em alguns países civilizados, a possibilidade da guerra permanecerá e a totalidade dos benefícios do sistema não será capaz de concretizar-se. Mas podemos assumir com segurança que todo país que adotar o socialismo deixará de ser agressivamente militarista e só estará preocupado em evitar a agressão por parte dos demais. Quando o socialismo tiver se generalizado em todo o mundo civilizado, os motivos para guerras em grande escala não deverão ter força suficiente para superar as razões, muito mais óbvias, de se preferir a paz.

O socialismo, eu repito, não é uma doutrina só para o proletariado. Ao combater a insegurança econômica, ele está calculado para aumentar a felicidade de todos, exceto de um punhado de ricos. E se ele for capaz, como eu creio firmemente, de evitar guerras de primeira grandeza, elevará imensamente o bem-estar no mundo inteiro, pois – apesar dos argumentos econômicos que lhe pretendem conferir uma aparência de racionalidade – a crença que nutrem alguns magnatas da indústria de poder lucrar com outra grande guerra não passa de um delírio insano de megalomaníacos.

Será verdade que o socialismo, um sistema tão universalmente vantajoso e tão fácil de compreender, um sistema recomendado pelo evidente colapso do atual regime econômico e pela iminência de uma guerra mundial catastrófica – será mesmo verdade que este sistema só pode ser apresentado de maneira convincente aos proletários e a uns poucos intelectuais, que só pode ser implantado através de uma guerra de classe sangrenta, incerta e destrutiva? De minha parte, acho difícil acreditar nisto. O socialismo, sob certos aspectos, vai contra os velhos hábitos e por isso desperta uma oposição impulsiva que só aos poucos pode ser superada. Nos espíritos de seus opositores ele aparece associado ao ateísmo e ao reinado do terror. Mas socialismo não tem nada a ver com religião. O socialismo é uma doutrina econômica, o que significa que um socialista pode ser muçulmano, budista ou adorador de Brahma sem risco da incoerência. Quanto ao reinado do terror, tem havido muitos reinados do terror em épocas recentes, principalmente no campo da reação, de modo que nos países onde o socialismo surge como uma revolta contra tais reinados é de se esperar que herde um pouco da ferocidade do antigo regime. Mas eu penso que em países onde ainda existe alguma liberdade de pensamento e de expressão a defesa socialista pode ser apresentada, com ardor e paciência, de modo a convencer muito mais da metade de toda a população. Se, quando chegar o momento, a minoria apelar ilegalmente para a força, a maioria terá de usá-la também, é claro, para reprimir os rebeldes. Mas, se o trabalho de convencimento tiver sido realizado a contento, a rebelião será tão sem esperança que nem os mais reacionários a intentarão e, se o fizerem, serão derrotados com tanta facilidade e rapidez que não haverá chance para o reinado do terror. Enquanto a persuasão for possível e a maioria não estiver convencida, o apelo à força está fora de questão. Quando a maioria estiver convencida, o problema poderá ser deixado à atuação ordinária do governo democrático, a menos que pessoas à margem da lei decidam organizar uma insurreição. Qualquer governo reprimiria uma tal insurreição, e os socialistas não têm mais pudor de apelar para a força do que os demais partidos constitucionais nos países democráticos. Se os socialistas vierem a ter um dia a força sob seu comando é porque a conquistaram previamente por meio da persuasão.

Pensamentos Ociosos sobre os Cometas

Se eu fosse um cometa, consideraria os homens de nossa época uma estirpe degenerada.

Em épocas passadas, o respeito pelos cometas era universal e profundo. Um deles prenunciou a morte de César, outro foi visto como sinal de que a morte do imperador Vespasiano estava próxima. Homem resoluto, Vespasiano sustentou que o cometa devia ter algum outro significado, pois tinha uma cabeleira, enquanto que o imperador era careca. Mas pouca gente concordou com este extremado racionalismo. O Venerável Bede disse que "os cometas são presságios de revoluções, de pestilência, guerra, ventos e calor". John Knox via os cometas como provas da cólera divina, enquanto outros protestantes escoceses pensavam que eles eram "uma advertência ao rei para que acabasse com os papistas".

A América, em especial a Nova Inglaterra, também teve a devida parcela de atenção cometária. Em 1652, um cometa apareceu no momento em que o célebre Sr. Cotton, ministro da igreja puritana, adoeceu, e desapareceu quando ele morreu. Dez anos passados, a população pecadora de Boston foi advertida por um novo cometa a abster-se "da volúpia e das ofensas às boas criaturas de Deus, com licenciosidades no beber e modismos no vestir". Increase Mather, clérigo eminente da igreja puritana, achava que os cometas e eclipses haviam prenunciado as mortes de presidentes de Harvard e de governadores das colônias, razão pela qual instruiu o seu rebanho a rogar ao Senhor para "não levar embora as estrelas deixando cometas em seu lugar".

Todas essas superstições foram aos poucos se dispersando depois que Halley descobriu que pelo menos um cometa orbitava o Sol numa elipse regular, exatamente como um planeta, e que Newton demonstrou que os cometas também obedeciam à lei da gravitação universal. Nas universidades mais conservadoras, os professores foram durante algum tempo proibidos de mencionar tais descobertas, mas, com o passar do tempo, a verdade não pôde mais ser ocultada.

Atualmente é difícil imaginar um mundo em que todos, os de cima e os de baixo, os instruídos e os ignorantes, ficassem preocupados com cometas e aterrorizados à sua passagem. A maioria de nós nunca viu um cometa. Eu vi dois e eles eram muito menos impressionantes do que eu imaginava. A nossa mudança de atitude não decorre apenas do racionalismo, mas da iluminação artificial também. Nas ruas de uma cidade moderna, o céu noturno é invisível, e, nas áreas rurais, viajamos em automóveis equipados com possantes faróis. Nós apagamos o céu, de modo que só uns poucos cientistas dão atenção às estrelas e planetas, aos meteoros e cometas. Nosso mundo cotidiano é, mais do que nunca, uma produção humana. Há nisso ganhos e perdas: seguro de seus domínios, o homem se torna trivial, arrogante e um tanto louco. Mas eu não acredito que um cometa causasse hoje o salutar efeito moral que causou em Boston no ano de 1662. Hoje precisaríamos de um remédio mais forte.

Pensamentos Ociosos sobre a Alma

Uma das mais dolorosas conseqüências dos avanços recentes da ciência é que a cada nova descoberta ficamos sabendo menos do que achávamos que sabíamos. Quando eu era jovem, todo o mundo sabia, ou pensava que sabia, que o homem é constituído de corpo e alma, que o corpo existe no espaço e no tempo, ao passo que a alma só existe no tempo. O problema de saber se a alma sobrevive à morte causava uma certa divergência de opiniões, mas sua existência estava acima de qualquer dúvida. A existência do corpo, é claro, era considerada evidente por si mesma tanto pelo homem comum como pelo homem de ciência, e o filósofo era capaz de analisar o problema segundo uma ou outra ótica, geralmente reduzindo o corpo a idéias que existem nas mentes da própria pessoa e do observador. Mas os filósofos não foram levados a sério, de modo que a ciência permaneceu confortavelmente materialista, mesmo em mãos de cientistas rigorosamente ortodoxos.

Hoje em dia, essas velhas e divertidas ingenuidades se perderam: os físicos nos garantem que a matéria não existe e os psicólogos nos garantem que a mente também não. É um fato sem precedente. Quem jamais ouviu um sapateiro dizer que sapatos não existem ou um alfaiate afirmar que na verdade todo o mundo anda nu? Isto seria tão estranho quanto o que têm feito os físicos e os psicólogos. Começando por estes últimos, alguns deles vêm tentando reduzir tudo o que parece ser atividade mental a atividade corporal. Mas não é fácil reduzir toda a atividade mental a mera atividade física. Eu creio não ser possível afirmar com segurança se tais dificuldades são ou não superáveis. O que podemos afirmar, com base na própria física, é que isto que até aqui consideramos como sendo o corpo é, na verdade, uma elaborada construção científica que não corresponde a nenhuma realidade física. O moderno vir-a-ser materialista encontra-se, portanto, numa posição curiosa, pois ao mesmo tempo que pode, com uma razoável margem de sucesso, reduzir a atividade da mente à atividade do corpo, não é capaz de resolver o problema de que o próprio corpo é apenas um conceito cômodo inventado pela mente. Nós nos vemos, portanto, andando em círculos: a mente é uma emanação do corpo e o corpo, uma invenção da mente. É evidente que isto não pode estar totalmente correto, pois precisamos olhar para alguma coisa que não seja nem corpo nem mente e da qual ambos possam resultar.

Comecemos pelo corpo. O homem comum pensa que os objetos materiais devem existir, pois são evidentes aos sentidos. Por mais que se possa duvidar, é certo que uma coisa com a qual a gente topa deve ser real: esta é a metafísica do homem comum. Até aqui vai tudo muito bem, mas aí vem o físico e mostra que nós nunca topamos com coisa alguma: quando batemos com a cabeça na parede, na verdade não a tocamos. Quando temos a impressão de estar tocando num objeto, são os elétrons e prótons que fazem parte de nosso corpo que estão sendo atraídos e repelidos pelos elétrons e prótons do objeto, mas não há nenhum contato real. Os elétrons e prótons de nosso corpo são perturbados pela proximidade dos elétrons e prótons do objeto externo e transmitem essa perturbação através dos nervos até nosso cérebro. O efeito no cérebro é que dá a sensação de contato, que pode se revelar como absolutamente ilusório por meio de experimentos adequados. Os próprios elétrons e prótons, no entanto, são apenas aproximações grosseiras, uma forma de reunir em pacotes os feixes de onda e as probabilidades estatísticas de vários tipos de eventos. A matéria ficou assim fantasmagórica demais, já que não pode ser usada como um porrete para deixar uma pessoa perturbada das idéias. A matéria em movimento, antes tão inquestionável, mostrou ser um conceito bastante inadequado para as necessidades dos físicos.

Não obstante, a ciência moderna não apresenta nenhuma evidência da existência da alma, ou mente, como entidade; as razões para desacreditar da existência da mente são muito parecidas com as razões para se desacreditar da existência da matéria. Mente e matéria são como o leão e o unicórnio lutando pela coroa. O fim da batalha não é a vitória de um ou de outro, mas a descoberta de que ambos são apenas invenções heráldicas. O mundo consiste de eventos, não de coisas que têm uma duração no tempo e propriedades mutáveis. Os eventos podem ser agrupados segundo suas relações causais. Se as relações causais são de um tipo, o grupo de eventos resultante é chamado de objeto físico; se são de outro tipo, o grupo resultante é chamado de mente. Qualquer evento que aconteça dentro da cabeça de uma pessoa há de pertencer aos dois grupos: se for classificado num dos grupos, é um componente do cérebro; se for classificado no outro, é um componente do espírito.

Espírito e matéria são, portanto, somente formas convenientes de se organizarem os eventos. Pode não haver nenhuma razão para se supor que uma partícula de espírito ou uma partícula de matéria seja imortal. Supõe-se que o sol esteja perdendo matéria à taxa de milhões de toneladas por minuto. A característica mais essencial do espírito é a memória, e não há razão para supor que a memória de uma pessoa sobrevive à sua morte. Na verdade, todas as razões apontam em sentido inverso, pois a memória está claramente ligada a um certo tipo de estrutura cerebral que, ao se degradar com a morte, deve fazer cessar também a memória. Embora o materialismo metafísico não possa ser considerado verdadeiro, o mundo, sob o aspecto emocional, é fundamentalmente o mesmo que seria se os materialistas estivessem com a razão.

Eu creio que os adversários do materialismo foram sempre movidos por dois grandes desejos: o primeiro era provar que o espírito é imortal, e o segundo provar que o poder supremo do universo é mental, não físico. Sob ambos os aspectos, eu penso que os materialistas estavam com a razão. Nossos desejos, é verdade, têm um poder considerável na superfície da Terra, já que a maior parte do planeta teria um aspecto bastante diferente se o homem não a utilizasse para extrair alimentos e riquezas. Mas este nosso poder é muito limitado. Não podemos hoje ter nenhuma atuação sobre o Sol, sobre a Lua ou sobre o interior da Terra, e não existe a mais pálida razão para supor que o que ocorre em regiões aonde o nosso poder não se estende tenha alguma causa mental. Colocando o problema em poucas palavras, isto quer dizer que não há razão para pensar que fora da superfície terrestre alguma coisa acontece porque alguém quer que aconteça. E já que o nosso poder sobre a superfície terrestre depende inteiramente da energia que a Terra extrai do Sol, nós somos necessariamente dependentes do Sol e dificilmente poderíamos realizar qualquer de nossos desejos se ele esfriasse.

Quanto ao que a ciência pode ou não realizar no futuro, qualquer dogmatismo é temerário. Talvez aprendamos a prolongar nossa existência além do que hoje parece possível, mas se existe alguma verdade na física moderna, mais particularmente na segunda lei da termodinâmica, não podemos ter esperança de que a raça humana venha a existir para sempre. Algumas pessoas podem achar sinistra esta conclusão, mas, para sermos honestos com nós mesmos, temos de admitir que o que irá acontecer daqui a muitos milhões de anos não tem para nós, aqui e agora, nenhum interesse emocional. E a ciência, ao mesmo tempo que diminui as nossas pretensões cósmicas, aumenta enormemente o nosso conforto terrestre. É por isto que, a despeito do horror dos teólogos, a ciência tem sido, como um todo, tolerada.

Paul Lafargue

O Direito ao Ócio

Premissa

Em 1849, Thiers dizia: "Quero dar todo o poder à influência do clero, pois conto com ela para propagar essa boa filosofia que ensina aos seres humanos que estão aqui para sofrer, e não essa outra filosofia que, pelo contrário, afirma: 'Tenha prazer.'" Thiers formulava, naquele momento, a moral da classe burguesa, cujo egoísmo feroz e inteligência limitada ele encarnava.

Ao lutar contra a nobreza, que era apoiada pelo clero, a burguesia defendia o livre-arbítrio e o ateísmo. Hoje, triunfante, mudou de tom e de comportamento, pretendendo escorar na religião sua supremacia econômica e política. Nos séculos XV e XVI, essa burguesia havia retomado, contente, a tradição pagã e glorificava as paixões da carne, rejeitadas pelo cristianismo. Em nossos dias, cheia de bens e de prazeres, ela renega os ensinamentos de seus pensadores, como Rabelais e Diderot, e prega a abstinência aos assalariados. A moral capitalista, desprezível paródia da moral cristã, excomunga a carne do trabalhador. Seu ideal é reduzir o produtor ao mínimo absoluto de suas necessidades, suprimir suas diversões e seus prazeres e condená-lo ao papel de máquina, produzindo trabalho sem trégua nem piedade.

Os socialistas revolucionários precisam reiniciar o combate que foi travado pelos filósofos e panfletários da burguesia. Devem tomar de assalto a moral e as teorias sociais do capitalismo. Devem demolir, nas mentes da classe que é chamada à ação, os preconceitos semeados pela classe dominante. Devem proclamar, cara a cara com os hipócritas de todas as vertentes morais, que a terra deixará de ser o vale de lágrimas do trabalhador; que, na sociedade comunista do futuro, fundada "pacificamente, se possível, mas com violência, se necessário", as paixões dos homens serão liberadas, pois são todas "boas por natureza, temos apenas que evitar seu mal uso e seus excessos".[1]

A refutação do *Direito ao Trabalho,* que reedito com algumas notas suplementares, foi publicada no jornal *L'Égalité* em 1880, segunda série.

Paul Lafargue
Prisão de Sainte-Pélagie, 1883.

Um Dogma Desastroso

Tenhamos preguiça para tudo, menos para amar e beber,
menos para ter preguiça.
Lessing

Uma estranha loucura tomou conta das classes operárias nas nações onde reina a civilização capitalista. Esta loucura trouxe consigo misérias individuais e sociais que há dois séculos torturam a triste humanidade. Esta loucura é o amor pelo trabalho, a paixão agonizante pelo trabalho, levada até o esgotamento da energia vital do indivíduo e de seus filhos. Em vez de reagir contra esta aberração mental, os padres, os economistas e os moralistas preferiram sacrossantificar o trabalho. Homens cegos e limitados desejaram ser mais sábios que seu próprio Deus. Homens fracos e desprezíveis desejaram reabilitar aquilo que seu Deus havia amaldiçoado. Eu, que não me declaro cristão, economista ou moralista, invoco o julgamento de seu Deus contra este julgamento próprio. Contraponho as terríveis conseqüências do trabalho na sociedade capitalista às pregações de sua moral religiosa e econômica do livre-pensar.

Na sociedade capitalista, o trabalho é a causa de todas as

degenerações intelectuais, de todas as deformações orgânicas. Comparem um puro sangue dos estábulos de Rothschild, servido por uma criadagem de bímanos, com um cavalo de carroça das fazendas da Normandia, que trabalha a terra, carrega estrume, transporta a colheita. Olhem o nobre selvagem que os missionários do comércio e os comerciantes da religião ainda não corromperam com o cristianismo, a sífilis e o dogma do trabalho. Olhem depois para nossos miseráveis servos das máquinas.

Quando, em nossa Europa civilizada, desejamos encontrar um traço da beleza nativa do homem, é preciso procurar nas nações em que os preconceitos econômicos ainda não tenham trazido à tona o ódio do trabalho. A Espanha, que, infelizmente, degenera, ainda pode vangloriar-se de possuir menos fábricas do que há na França prisões e casernas.

Para o espanhol, dentro do qual o animal primitivo ainda não foi asfixiado, o trabalho é a pior forma de escravidão. Há um provérbio espanhol que diz: "Descanso é saúde." Também os gregos da época áurea desprezavam o trabalho: apenas os escravos podiam trabalhar. Um homem livre dedicava-se apenas aos exercícios corporais e aos jogos de inteligência. Era também o tempo em que se podia andar e respirar entre Aristóteles, Fídias e Aristófanes. Era o tempo no qual um punhado de bravos esmagava as hordas da Ásia em Maratona, que Alexandre em breve conquistaria. Os filósofos da antigüidade ensinavam o desprezo pelo trabalho, essa degradação do homem livre. Os poetas cantavam a preguiça, presente dos deuses:

O Meliboee, Deus nobis haec otia fecit. (Oh! Melibeu, Deus nos deu essa ociosidade. – Virgílio, *Bucólicas.)*

Jesus, em seu sermão da montanha, louvou a preguiça:

"Contemplai os lírios dos campos: não trabalham ou tecem, porém eu vos digo que Salomão, em toda sua glória, jamais esteve mais nobremente vestido." (Evangelho segundo São Mateus, capítulo VI.)

Jeová, o deus barbudo e carrancudo, deu a seus adoradores o exemplo supremo da preguiça ideal: após seis dias de trabalho, descansou por toda a eternidade.

Por outro lado, em nossa sociedade, quais são as classes que amam trabalhar por trabalhar? Os camponeses que possuem a própria terra e os pequenos burgueses. Uns curvados sobre suas terras, os outros enfurnados em suas lojas, se remexendo como a toupeira em sua toca subterrânea, nunca levantam o olhar para apreciar em paz a natureza.

E, no entanto, o proletariado, a grande classe que abarca todos os produtores das nações civilizadas, a classe que, ao se emancipar, emancipará a humanidade do trabalho servil e fará do animal humano um ser livre, o proletariado, traindo seus instintos, desconhecendo sua missão histórica, deixou-se perverter pelo dogma do trabalho. Seu castigo foi rude e terrível. Todas as misérias individuais e sociais nasceram de sua paixão pelo trabalho.

Dádivas do Trabalho

Em 1770 foi publicado, em Londres, um texto anônimo intitulado "An Essay on Trade and Commerce" (Um ensaio sobre negócios e comércio). Causou, na época, algum estardalhaço. Seu autor, grande filantropo, estava indignado porque "a plebe manufatureira da Inglaterra colocou em sua cabeça a idéia fixa de que, enquanto ingleses, todos os indivíduos que a compõem têm, por direito de nascimento, o privilégio de ser mais livres e mais independentes do que os operários de qualquer outro país da Europa. Essa idéia pode ser útil para estimular a bravura dos soldados. Contudo, quanto menos os operários estiverem imbuídos desse pensamento, melhor para eles mesmos e para o Estado. Os operários jamais deveriam considerar-se independentes de seus superiores. É extremamente perigoso encorajar aspirações como esta em um Estado comercial como o nosso, onde cerca de sete a cada oito pessoas têm pouca ou nenhuma terra. Para que a cura seja completa, os pobres de nossa indústria devem resignar-se a trabalhar seis dias pela mesma quantia que hoje ganham por quatro".

Assim, quase um século antes de Guizot, o trabalho era abertamente louvado em Londres como um freio às nobres paixões do homem.

"Quanto mais meu povo trabalhar, menos vícios terá", Napoleão escreveu em Osterode, no dia 5 de maio de 1807. "Eu sou a autoridade [...] e estou disposto a ordenar que nos domingos, terminada a missa, as lojas sejam abertas e os operários continuem seu trabalho."

Para extirpar a preguiça e dobrar os sentimentos de orgulho e de independência que ela traz consigo, o autor do *Ensaio sobre o Comércio* propunha encarcerar os pobres em "casas ideais de trabalho" que se tornariam "casas do terror, onde todos seriam obrigados a trabalhar quatorze horas por dia, de forma que, descontando-se o tempo para as refeições, restariam doze horas de trabalho plenas e seguidas".

Doze horas de trabalho por dia, esse é o ideal dos filantropos e moralistas do século XVIII. Como nós ultrapassamos esse *nec plus ultra!* As fábricas modernas tornaram-se as prisões ideais nas quais são encarceradas as massas de operários, condenadas a trabalhos forçados durante doze ou quatorze horas. E não apenas os homens, mas também as mulheres e crianças![2]

E dizer que os filhos dos heróis do Terror, durante a Revolução Francesa, se deixaram degradar pela religião do trabalho a ponto de aceitar, após 1848, como se fosse uma conquista revolucionária, a lei que limitava a doze horas o trabalho nas fábricas. Proclamavam, como se fosse um princípio revolucionário, o direito ao trabalho. Vergonha para o proletariado francês! Apenas escravos teriam sido capazes de tamanha baixeza.

Se as dores do trabalho forçado, se as torturas da fome caíram sobre o proletariado, em número muito maior do que os gafanhotos da Bíblia, foi ele que as invocou.

Foram os operários que, em junho de 1848, empunhando armas, exigiram este trabalho e o impuseram às suas famílias. Eles entregaram, aos barões da indústria, suas mulheres e seus filhos. Com suas próprias mãos, demoliram seu lar. Com suas próprias mãos, demoliram suas casas e secaram o leite de suas mulheres. Essas pobres mulheres, grávidas e amamentando seus bebês, foram obrigadas a entrar nas minas e nas fábricas para curvar a espinha e esgotar os nervos. Com suas próprias mãos, estragaram a vida e o vigor de seus filhos.

Envergonhe-se o proletariado! Onde estão essas mulheres de que falam nossos velhos contos e fábulas, duras na queda, de língua afiada, amantes da garrafa? Onde estão essas mulheres joviais, sempre saltitantes, sempre cozinhando, sempre cantando, sempre semeando a vida e gerando felicidade, parindo sem dor crianças sadias e vigorosas?

Hoje só temos mulheres e jovens operárias, flores débeis de cores pálidas, sangue sem brilho, estômago devastado, membros enfraquecidos! Elas jamais conheceram o prazer robusto e não saberiam contar de forma engraçada suas aventuras amorosas.

E as crianças? Doze horas de trabalho. Que miséria!

Dizem que nossa época é o século do trabalho. Na verdade, é o século da dor, da miséria e da corrupção.

Ainda assim, os filósofos, os economistas burgueses, bem como os homens de letras da burguesia, todos eles entoaram cantos nauseabundos em honra do deus Progresso, primogênito do Trabalho. Pelo que diziam, a felicidade reinaria sobre a Terra: já era possível sentir sua chegada. Revolveram os séculos passados para desencavar, em meio à poeira e miséria feudais, contrastes sombrios às delícias dos tempos modernos.

Como nos cansaram, esses homens empanturrados e satisfeitos, ainda ontem membros da criadagem dos grandes senhores, hoje servos literários da burguesia, muito bem pagos. Pois, então, vejamos o brilhante quadro dos prazeres do proletariado no ano do progresso capitalista de 1840, pintado por um dos seus, pelo Dr. Villermé, membro do Instituto, o mesmo que, em 1848, fez parte dessa sociedade de sábios que propagou, entre as massas, as besteiras da economia e da moral burguesas.

Em seu quadro do estado físico e moral dos operários das fábricas de algodão, lã e seda, o Dr. Villermé nos fala sobre a Alsácia industrial. Mas antes que o doutor coloque à nossa frente o quadro das misérias do proletariado, vamos ouvir um fabricante da Alsácia, Th. Mieg. Em um discurso de maio de 1863, pronunciado na Sociedade Internacional de Estudos Práticos de Economia Social e publicado no *L'Économiste français* da época, ele enunciava a situação do artesão da indústria antiga:

"Em Mulhouse, há cinqüenta anos (em 1813, quando a indústria mecanizada moderna estava nascendo), os operários eram todos filhos da terra, morando na cidade e nos vilarejos próximos. Quase todos possuíam casa própria e muitos tinham um pequeno pedaço de terra."

Era a idade de ouro do trabalhador. Mas naquele tempo a indústria da Alsácia não inundava o mundo com seus artigos de algodão e não tornava milionários seus industriais. Vinte e cinco anos depois, contudo, quando Villermé foi visitar a Alsácia, a região havia sido conquistada pelo minotauro moderno, a fábrica capitalista. Em seu apetite insaciável de trabalho humano, havia arrancado os operários de seus lares para poder melhor torcê-los e melhor espremer o trabalho que eles continham. Quando soava o apito da máquina, milhares de operários corriam para atendê-lo.

"Muitos deles" – disse Villermé – eram obrigados, devido aos elevados aluguéis, a morar nos vilarejos vizinhos. Alguns moravam a mais de dez quilômetros da fábrica onde trabalhavam.

Em Mulhouse e em Dornach, o trabalho começava às cinco da manhã e terminava às cinco da tarde, tanto no verão como no inverno [...] É impressionante vê-los chegar à cidade, a cada manhã, e depois partir no fim da tarde. Há entre eles uma multidão de mulheres pálidas, magras, andando descalças no meio da lama. Quando chove ou neva, não tendo guarda-chuva, colocam seus aventais ou as anáguas sobre a cabeça para proteger o rosto e o pescoço. Há um número ainda maior de crianças igualmente sujas e magras, cobertas por trapos, cheias do óleo das máquinas que cai sobre elas enquanto trabalham. Estas, mais protegidas da chuva pela impermeabilidade de suas roupas, nem mesmo carregam, como as mulheres que mencionamos, uma cesta com a comida do dia. Trazem nas mãos, ou escondem sob suas roupas ou onde puderem, o pedaço de pão que lhes servirá de alimento até voltarem para casa.

"Assim, além do cansaço de uma jornada demasiado longa, pois dura no mínimo quinze horas, esses pobres-coitados ainda têm que suportar o cansaço das freqüentes e penosas idas e vindas. O resultado disso tudo é que chegam em suas casas mortos de cansaço, precisando de sono. Além disso, na manhã seguinte têm que sair de casa antes de estarem totalmente recuperados para chegar nas fábricas a tempo."

E agora vejamos os pardieiros nos quais se amontoavam aqueles que moravam na cidade:

"Vi em Mulhouse, em Dornach e em casas vizinhas, esses alojamentos miseráveis onde duas famílias dormiam, cada uma em um dos cantos, sobre a palha jogada no chão e sustentada por duas tábuas... A miséria em que vivem os operários da indústria do algodão na região do Alto Reno é tão profunda que produz um resultado deplorável: enquanto metade dos filhos dos industriais, comerciantes, varejistas, diretores de fábrica atinge vinte e um anos, nas famílias de tecelões e operários das fiações de algodão metade das crianças morrem antes de completar dois anos."

Falando sobre o trabalho nas fábricas, Villermé acrescenta:

"Isso não é um trabalho, uma tarefa, mas sim uma tortura infligida a crianças de seis a oito anos. [...] É esse longo suplício de todos os dias que destrói principalmente os operários da indústria de tecelagem."[3]

Quanto à duração do trabalho, Villermé constatava que os trabalhos forçados das prisões duravam apenas dez horas. Os escravos das Antilhas trabalhavam nove horas em média. Enquanto isso, na França, que fez a Revolução de 89, que proclamou os pomposos Direitos Humanos[4], havia fábricas cuja jornada de trabalho era de dezesseis horas, durante as quais os operários podiam parar uma hora e meia para as refeições.

Que miserável aborto dos princípios revolucionários da burguesia! Que lúgubre presente de seu Deus, o Progresso! Os filantropos aclamam, como benfeitores da humanidade, aqueles que, para enriquecer sem nada fazer, davam trabalho aos pobres. Seria melhor disseminar a peste e envenenar a água do que construir uma fábrica no meio de uma população rústica. Introduza o trabalho nas fábricas e você terá perdido a felicidade, a saúde, a liberdade – terá perdido tudo aquilo que torna a vida bela e digna de ser vivida.

E os economistas continuam repetindo para os operários: "Trabalhem para aumentar a riqueza social!" Enquanto isso, um outro economista, Destut de Tracy, responde:

"É nas nações pobres que o povo se encontra mais à vontade. É nas nações ricas que ele em geral é pobre."

E seu discípulo Cherbuliez acrescenta:

"Os próprios operários, ao cooperarem para a acumulação de capitais produtivos, contribuem para o fenômeno que, cedo ou tarde, irá privá-los de parte de seu salário."

No entanto, ensurdecidos e idiotizados por seus próprios gritos, os economistas respondem: "Trabalhem, trabalhem o tempo todo para criar seu bem-estar!" E, em nome da mansidão cristã, um sacerdote da Igreja Anglicana recita seu salmo: "Trabalhem, trabalhem noite e dia. Ao trabalhar, vocês fazem crescer a própria miséria, e sua miséria nos dispensa de impor-lhes o trabalho através da força da lei. A imposição legal do trabalho dá muito trabalho, exige muita violência e faz barulho demais. A fome, pelo contrário, é não apenas uma pressão pacífica, silenciosa e incessante, como também o motor mais natural do trabalho e da indústria, provocando, portanto, os melhores efeitos."

Trabalhem, trabalhem, proletários, para aumentar a riqueza social e suas misérias individuais, trabalhem, trabalhem para que, tornando-se mais pobres, tenham mais razões para trabalhar e para ser miseráveis. Essa é a lei inexorável da produção capitalista.

Ao se entregaram de corpo e alma ao vício do trabalho, ao dar ouvidos às palavras falaciosas dos economistas, os proletários estão jogando toda a sociedade nessas crises industriais de superprodução que convulsionam o organismo social. Neste caso, como há um excesso de mercadorias e falta de compradores, as fábricas são fechadas e a fome atinge os operários com seu chicote de mil pontas.

Os proletários, embrutecidos pelo dogma do trabalho, não compreendem que o excesso de trabalho que eles se infligiram durante o tempo de pretensa prosperidade é a causa de sua miséria atual. Em vez de correr para os celeiros e gritar: "Temos fome e queremos comer!... É verdade que não temos um centavo furado, mas, apesar de maltrapilhos, ainda assim fomos nós que ceifamos o trigo e colhemos as uvas..." Em vez de cercar as lojas do Sr. Bonnet e clamar: "Senhor Bonnet, aqui estão suas operárias, fiandeiras, tecelãs, tremendo sob suas roupas de algodão tão remendadas que fariam chorar um usurário e, ainda assim, foram elas que fiaram e teceram os vestidos de seda das elegantes de toda a cristandade. As pobrezinhas, trabalhando treze horas por dia, não tinham tempo para se preocupar com suas roupas, mas, agora, estão desempregadas e podem fazer frufru com as sedas que produziram. Desde que perderam seus dentes de leite, elas se devotaram à sua fortuna e viveram na abstinência. Agora têm tempo livre e querem desfrutar um pouco de seu próprio trabalho.

"Vamos, senhor Bonnet, entregue suas sedas, o senhor Harmel irá fornecer suas musselinas, o senhor Pouyer-Quertier as roupas íntimas, o senhor Pinet calçará com botinas os pezinhos frios e úmidos de suas operárias. Vestidas de cima a baixo e atraentes, será um prazer admirá-las. Vamos, sem mais delongas, vocês são amigos da humanidade, não são? E também cristãos! Deixem à disposição de suas operárias a fortuna que elas construíram para vocês com a carne de sua carne."

"Vocês gostam do comércio? Pois então facilitem a circulação das mercadorias. Eis aqui novos consumidores. Dêem-lhes créditos ilimitados. Vocês são obrigados a fazer isso com negociantes que nunca viram na vida, que nunca lhe deram nada, nem mesmo um copo d'água. Suas operárias irão quitar suas dívidas como puderem. Se, na data do vencimento, derem o calote e deixarem que seus títulos sejam protestados, peçam a falência delas e, se não tiverem bens a serem apreendidos, exijam que lhes paguem com orações – ao menos assim vocês irão para o paraíso."

Em vez de aproveitar os momentos de crise para uma distribuição geral dos produtos e um júbilo universal, os operários, morrendo de fome, vão bater as cabeças contra as portas das fábricas. Com rostos abatidos, corpo magro, discursos piedosos, eles assediam os industriais: "Amável senhor Chagot, doce senhor Schneider, dê-nos trabalho, não é a fome, mas sim a paixão pelo trabalho que nos atormenta!" E esses miseráveis, quase sem forças para manter-se de pé, vendem doze ou quatorze horas de trabalho pela metade do preço de quando tinham pão sobre a mesa. E os filantropos da indústria aproveitam as crises de desemprego para fabricar produtos gastando menos.

Assim como as crises industriais seguem-se aos períodos de excesso de trabalho tão fatalmente quanto a noite segue o dia, trazendo consigo o desemprego forçado e a miséria sem saída, elas também provocam a falência inexorável. Enquanto o fabricante tem crédito, deixa soltas as rédeas do trabalho feroz, toma mais e mais dinheiro emprestado para fornecer matéria-prima aos operários. Ele produz, sem pensar que o mercado está ficando saturado e que, se suas mercadorias não forem vendidas, seus títulos serão protestados. Encurralado, irá implorar ao usurário, irá jogar-se a seus pés, oferecendo-lhe seu sangue, sua honra. "Um pouco de ouro lhe faria bem", responde o Rothschild, "você tem 20.000 pares de meias em estoque, cada um valendo vinte, eu os compro a quatro vinténs." Uma vez de posse das meias, o usurário as venderá a seis ou oito vinténs, embolsando as moedas reluzentes que não devem nada a ninguém. O fabricante, contudo, recuou para poder saltar melhor. Enfim chega a ruína e as lojas estão transbordando: jogam-se então tantas mercadorias pelas janelas que não se sabe como elas entraram pela porta. É na casa de centenas de milhões que se avalia o valor das mercadorias que se acumulam. No século passado, elas eram queimadas ou jogadas na água.

Mas, antes de chegar a esse ponto, os industriais percorrem o mundo à procura de locais para desembaraçar-se das mercadorias que se acumulam. Forçam seus governos a anexar o Congo, a tomar posse dos Tonquins, a demolir com canhões as muralhas da China para lá despejar seus artigos de algodão. Nestes últimos séculos travou-se um duelo de morte entre França e Inglaterra para decidir quem teria o privilégio exclusivo de vender para a América e para as Índias. Milhares de homens jovens e sadios mancharam com seu sangue os mares durante as guerras coloniais dos séculos XV, XVI e XVII.

Há excesso de capitais, assim como de mercadorias. Os financistas não sabem mais onde investi-los. Dirigem-se então para as nações felizes, onde se descansa ao sol fumando cigarros, para lá colocar estradas de ferro, erguer fábricas e importar a maldição do trabalho. E esta exportação de capitais franceses termina um dia em complicações diplomáticas como no Egito, onde a França, a Inglaterra e a Alemanha chegaram a ponto de se agarrar pelos cabelos para saber quais usurários receberiam primeiro. Ou como no México, para onde soldados franceses foram enviados como se fossem oficiais de justiça para cobrar dívidas vencidas.

Ainda que essas misérias individuais pareçam grandes e numerosas, ainda que pareçam eternas, desaparecerão, tal qual hienas e chacais frente ao leão, no dia em que o proletariado disser: "Quero que seja assim." Mas, para que tenha consciência de sua força, é preciso que o proletariado derrube os preconceitos da moral cristã, econômica e livre-pensadora. É preciso que retome seus instintos naturais, que proclame os Direitos da Preguiça, mil vezes mais nobres e mais sagrados que os tísicos Direitos do Homem, arquitetados por advogados metafísicos da revolução burguesa. É preciso que ele se obrigue a trabalhar apenas três horas por dia, a não fazer nada senão festejar durante o restante do dia e da noite.

Até aqui minha tarefa foi fácil, pois tudo o que tinha a fazer era descrever os males reais e bem conhecidos de todos.

Contudo, convencer o proletariado de que a palavra que nele inculcaram é perversa, que o trabalho desenfreado ao qual se entregou desde o começo do século é o mais terrível flagelo que já assolou a humanidade, que o trabalho só se tornará um condimento do prazer da preguiça, um exercício benéfico para o organismo humano e uma paixão útil para o organismo social quando for sabiamente limitado a um máximo de três horas por dia, esta é uma tarefa árdua e que está acima de minhas forças. Somente os fisiólogos, higienistas e economistas comunistas são capazes de realizá-la. Nas páginas seguintes irei limitar-me a demonstrar que, dados os meios de produção modernos e seu poder reprodutivo ilimitado, é preciso vencer a extravagante paixão dos operários pelo trabalho e obrigá-los a consumir as mercadorias que produzem.

O QUE VEM APÓS A SUPERPRODUÇÃO

Um poeta grego do tempo de Cícero, Antipatros, assim cantou a invenção do moinho de água para moer grãos que iria emancipar as mulheres e trazer de volta a idade de ouro:

"Poupem o braço que faz girar a moenda, ó moedeiras, e durmam tranqüilamente! Que o galo cante em vão o amanhecer! Dao impôs às ninfas o trabalho dos escravos e lá estão elas saltitando alegremente sobre a roda, enquanto o eixo gira com seus raios, movendo a pesada pedra rolante. Vivamos da vida de nossos pais e, ociosos, alegremo-nos pelas dádivas que a deusa nos concede."

Infelizmente não chegaram até nós os lazeres sobre os quais falava o poeta pagão. A paixão cega, perversa e homicida pelo trabalho transforma a máquina libertadora em instrumento de escravização dos homens livres: sua produtividade os empobrece.

Uma boa operária só é capaz de fazer cinco malhas por minuto com seu fuso. Algumas máquinas circulares de tricotar fazem trinta mil nesse mesmo tempo. Cada minuto da máquina equivale, portanto, a cem horas de trabalho da operária. Ou, de outra forma, cada minuto de trabalho da máquina permite que a operária tenha dez dias de descanso. O que é verdadeiro para a indústria da tecelagem também é em maior ou menor grau verdadeiro para todas as indústrias renovadas pela mecânica moderna. Mas o que vemos na prática? À medida que a máquina se aperfeiçoa e reduz o trabalho do homem com uma rapidez e precisão que não param de crescer, o operário, em vez de prolongar seu descanso na mesma proporção, redobra seus esforços, como se quisesse competir com a máquina. Que concorrência absurda e mortífera!

Para que a concorrência entre o homem e a máquina pudesse correr desenfreada, os proletários aboliram as sábias leis que limitavam o trabalho dos artesãos das antigas corporações. Eles suprimiram os feriados.

No Antigo Regime, as leis da Igreja garantiam ao operário 90 dias de descanso (52 domingos e 38 feriados), durante os quais era estritamente proibido trabalhar. O trabalho nesses dias era o grande crime do catolicismo, a principal causa da não-religiosidade da burguesia industrial e comerciante. Durante a Revolução, assim que a burguesia tomou o controle, aboliu os feriados e substituiu a semana de sete dias pela de dez. Libertou os operários do domínio da Igreja para melhor dominá-los através do trabalho.

A revolta contra os feriados só apareceu quando a moderna burguesia industrial e comerciante estruturou-se, entre os séculos XV e XVI. Henrique IV pediu ao papa que fossem reduzidos. Este recusou, pois "uma das heresias de nossos dias é a desobediência às festas" (carta do cardeal de Ossat). Em 1666, contudo, Péréfixe, arcebispo de Paris, suprimiu dezessete feriados em sua diocese. O protestantismo, que era a religião cristã, moldada pelas novas necessidades industriais e comerciais da burguesia, preocupou-se menos com o descanso popular: tirou os santos do céu para abolir suas festas na Terra.

A reforma religiosa e o livre-pensar filosófico foram apenas pretextos que permitiram à burguesia jesuíta e voraz ocultar os dias de festa do povo.

Como os produtores dessa época trabalhavam apenas cinco dias a cada sete, será que os economistas mentirosos realmente acreditam, como dizem, que viviam apenas de sombra e água fresca? Ora, vamos! Tinham tempo livre para aproveitar as alegrias da Terra, para fazer amor e rir, e também para banquetear-se alegremente em honra do deus alegre da Preguiça. A morosa Inglaterra, chafurdada no protestantismo, se autodenominava, então, a "alegre Inglaterra" *(Merry England).* Rabelais, Quevedo, Cervantes, assim como os autores desconhecidos dos romances picarescos, nos deixam com água na boca com suas descrições dessas festas monumentais, que duravam várias semanas, entre os períodos de batalhas e devastações, nas quais todos se divertiam e onde tudo era permitido.

Jordaens e a escola flamenga descreveram essas festas em suas alegres telas. Sublimes estômagos gargantuescos, que fim tiveram? Sublimes cérebros que envolviam todo o pensamento humano, que fim tiveram? Nós fomos diminuídos e nos degeneramos. A vaca com raiva, a batata, o vinho adulterado e o *schnaps* prussiano, sabiamente combinados com o trabalho forçado, debilitaram nossos corpos e estreitaram nossas mentes. E foi justamente quando o homem retraiu seu estômago e a máquina aumentou sua produtividade que os economistas vieram nos pregar a teoria malthusiana, a religião da abstinência e o dogma do trabalho. Deveríamos arrancar suas línguas e jogá-las aos cães.

A classe operária, com sua boa fé simplista, deixou-se doutrinar e, com seu ímpeto natural, atirou-se às cegas no trabalho e na abstinência. Foi por isso que a classe capitalista viu-se condenada à preguiça e ao prazer forçados, à improdutividade e ao consumo excessivo. Mas, se o excesso de trabalho do operário fere sua carne e estraçalha seus nervos, também traz muitas dores para o burguês.

A abstinência à qual se condena a classe operária obriga os burgueses a um consumo excessivo dos produtos que fabrica de forma não controlada. No início da produção capitalista, há um ou dois séculos, o burguês era um homem bem-comportado, com hábitos razoáveis e tranqüilos. Contentava-se com sua mulher ou pouco mais. Bebia quando tinha sede e comia quando tinha fome. Deixava as nobres virtudes da vida depravada para os cortesãos. Hoje não há sequer um filho de novo-rico que não se sinta obrigado a estimular a prostituição e a mercurializar seu corpo para dar um fim ao trabalho que os operários das minas de mercúrio se impõem. Não há burguês que não se empanturre de frangos trufados e de champanhe Lafite para encorajar os fazendeiros e os fabricantes de vinho. Com esse regime, o organismo se deteriora rapidamente, os cabelos caem, os dentes se desgastam, o tronco se deforma, o ventre se retorce, a respiração fica difícil, os movimentos tornam-se pesados, as articulações emperram, as falanges endurecem. Outros, fracos demais para suportar a canseira da depravação, mas dotados da bossa do proudhonismo, dissecam seu cérebro elucubrando enormes livros soporíficos para ocupar o tempo livre dos que trabalham nas gráficas.

As mulheres da alta-sociedade vivem uma existência de martírios. Para experimentar e colocar em uso as vestimentas feéricas que as costureiras se matam para criar, trocam uma roupa por outra da manhã à noite. Passam horas deixando suas cabeças ocas entregues aos artistas capilares que, a qualquer preço, desejam saciar suas paixões para a construção de coques exagerados. Espremidas em seus espartilhos, apertadas em suas botas, decotadas a ponto de envergonhar um "frade de pedra", elas giram durante noites inteiras em seus bailes de caridade para recolher algumas moedas para os pobres desse mundo. Santas almas!

Para cumprir sua dupla função social de não-produtor e de consumidor desenfreado, o burguês não teve apenas que violentar seus gostos modestos, perder seus hábitos trabalhosos de dois séculos atrás para se dedicar ao luxo desvairado, às indigestões de trufas e à decadência sifilítica. Foi forçado ainda a retirar do trabalho produtivo uma enorme massa de pessoas para ajudá-lo.

Eis alguns números que provam como é colossal esse desperdício de forças produtivas. De acordo com o censo de 1861, a população da Inglaterra e do País de Gales era formada por 20.066.224 pessoas, das quais 9.776.259 eram do sexo masculino e 10.289.965 do sexo feminino. Se deduzirmos desses números aqueles que são muito velhos ou excessivamente jovens para trabalhar, as mulheres, os adolescentes e as crianças improdutivas, e depois as profissões ideológicas, tais como governo, polícia, clero, magistratura, exército, prostituição, artes, ciências etc., e depois as pessoas ocupadas exclusivamente em comer o trabalho das outras, sob forma de renda de imóveis, juros, dividendos, etc., sobram por alto oito milhões de pessoas dos dois sexos e de todas as idades, incluindo aí os capitalistas que trabalham na produção, no comércio, nas finanças, etc. Dentre estes oito milhões, podemos contar:

Trabalhadores agrícolas (incluindo os pastores, peões e criadas de fazenda, que moram com o fazendeiro)	1.098.261
Operários das fábricas de algodão, lã, cânhamo, linho, seda e tricotagem	642.607
Operários das minas de carvão e de metal	565.835
Metalúrgicos (alto-forno, laminadores, etc.)	396.998
Trabalhadores domésticos	1.208.648

Karl Marx, no volume III de *O Capital,* afirma:"Se somarmos os trabalhadores da indústria têxtil àqueles das minas de carvão e metal, chegaremos a 1.208.442. Se acrescentarmos os primeiros aos das usinas metalúrgicas, teremos um total de 1.039.605 pessoas. Ou seja: temos sempre um número de pessoas menor que o dos escravos domésticos modernos. Esse é o magnífico resultado da exploração capitalista das máquinas."

Além de toda essa classe formada por empregados domésticos, cujo tamanho indica o grau atingido pela civilização capitalista, é preciso acrescentar a classe numerosa dos pobres-coitados que se devotam apenas à satisfação dos gostos dispendiosos e fúteis das classes ricas: lapidadores de diamantes, rendeiras, bordadeiras, encadernadores de luxo, costureiras de luxo, decoradores das casas de campo, etc.

Uma vez reduzida à preguiça absoluta e desmoralizada pelo gozo forçado, a burguesia, apesar do mal que isso lhe fez, se acomodou a seu novo estilo de vida. Passou a olhar horrorizada para qualquer perspectiva de mudança. A visão das miseráveis condições de existência aceitas com resignação pela classe operária, bem como a da degradação orgânica gerada pela paixão depravada do trabalho, aumentaram ainda mais sua repulsa a qualquer imposição de trabalho e a qualquer restrição no lazer.

E foi justamente então que, sem perceber a desmoralização que a burguesia se impôs como um dever social, o proletariado cismou de infligir trabalho aos capitalistas. Ingênuos, resolveram levar a sério as teorias dos economistas e dos moralistas a respeito do trabalho e se esfalfaram para infligir essa prática aos capitalistas. O proletariado formulou o *slogan:* "Quem não trabalhar não comerá." Em Lyon, em 1831, se revoltaram em torno de chumbo ou trabalho, e os federados de março de 1871 chamaram seu levante de Revolução do Trabalho.

Contra esses surtos de furor bárbaro, destruidor do lazer e da preguiça dos burgueses, os capitalistas só podiam responder com a repressão feroz. Sabiam, contudo, que, mesmo tendo conseguido abafar essas explosões revolucionárias, não puderam afogar no sangue de seus gigantescos massacres a idéia absurda do proletariado de querer infligir o trabalho às classes ociosas e abastadas. Foi para afastar essa desgraça que se cercaram de pretorianos, policiais, magistrados e carcereiros mantidos em uma improdutividade trabalhosa. Não se pode mais conservar a ilusão sobre o caráter dos exércitos modernos, que apenas foram mantidos para conter o "inimigo interno". Por isso os fortes de Paris e de Lyon não foram construídos para defender a cidade contra os estrangeiros, mas sim para esmagá-la em caso de revolta. As nações européias não possuem exércitos nacionais, mas sim exércitos mercenários para proteger os capitalistas contra a fúria popular que gostaria de condená-los a dez horas por dia nas minas ou nos teares.

Portanto, ao apertar o cinto, a classe trabalhadora fez crescer incontrolavelmente o ventre da burguesia condenada ao consumo excessivo.

Para ser confortada em seu penoso trabalho, a burguesia retirou da classe trabalhadora um número de homens muito superior ao que permaneceu consagrado à produção útil, condenando esses homens, por sua vez, à improdutividade e ao consumo excessivo. Mas esse rebanho de bocas inúteis, apesar de sua voracidade insaciável, não é suficiente para consumir todas as mercadorias que os operários, embrutecidos pelo dogma do trabalho, produzem como maníacos, sem desejar consumi-las e sem mesmo pensar se haverá alguém para consumi-las.

Frente a esta dupla loucura dos operários, ao mesmo tempo matando-se de tanto trabalhar e vegetando na abstinência, o grande problema da produção capitalista não é mais o de encontrar produtores e aumentar sua força, mas sim o de descobrir consumidores, excitar seus desejos e criar para eles necessidades fictícias. Já que os operários europeus, trêmulos de frio e fome, recusam-se a vestir os tecidos que tecem ou beber os vinhos que colhem, os pobres industriais, como uns loucos, são obrigados a percorrer o mundo procurando quem vista seus panos e beba suas garrafas. Todo ano a Europa exporta centenas de milhões e bilhões para os quatro cantos do mundo, para povoados que não precisam desses produtos.

Dois exemplos práticos e ilustrativos: o governo inglês, para agradar à Índia, que, apesar das fomes periódicas que assolam o país, cultiva obstinadamente a papoula em vez do arroz ou do trigo, foi forçado a travar guerras sangrentas a fim de impor ao governo chinês o livre comércio do ópio indiano. Os selvagens da Polinésia, apesar da mortalidade resultante, tiveram que vestir-se e embriagar-se como os ingleses, a fim de consumir os produtos das destilarias da Escócia e das tecelagens de Manchester.

Mas os continentes explorados não são mais vastos o suficiente, é preciso encontrar novos países. Os industriais da Europa sonham noite e dia com a África, com lagos no Saara, com estradas de ferro no Sudão. Com ansiedade, seguem o progresso de viajantes corajosos como Livingstone, Stanley, Du Chaillu, Brazza. Boquiabertos, escutam as histórias mirabolantes destes viajantes corajosos. Quantas maravilhas desconhecidas estão ocultas no "continente negro"! Há campos plantados com dentes de elefante, rios de óleo de coco arrastando fios de ouro, milhões de negros, nus, aguardando os tecidos de algodão para aprender a decência, além das garrafas de *schnaps* e as bíblias para conhecer as virtudes da civilização.

Mas de nada adianta: burgueses que se empanturram, domésticos mais numerosos que a classe produtiva, nações estrangeiras e bárbaras abarrotadas de mercadorias européias. Nada disso faz escoar as montanhas de produtos que se acumulam, maiores que as pirâmides do Egito: a produtividade dos operários europeus desafia qualquer consumo ou desperdício. Os industriais, aflitos, não sabem mais a quem apelar, não conseguem mais encontrar matérias-primas para satisfazer a paixão desordenada e depravada de seus operários pelo trabalho. Em nossas províncias fabricantes de lã, desfiam-se panos sujos e meio podres para fazer panos ditos da Renascença, que duram tanto quanto as promessas eleitorais. Em Lyon, em vez de deixar a fibra da seda com sua simplicidade e flexibilidade naturais, sobrecarregam-na com sais minerais que, aumentando seu peso, a tornam quebradiça e pouco útil. Todos os nossos produtos são adulterados para facilitar seu escoamento e reduzir sua vida útil.

Nossa época será conhecida como a idade da falsificação, assim como as primeiras eras da humanidade receberam nomes como a idade da pedra ou a idade do bronze de acordo com o que produziram. Pessoas ignorantes acusam de fraude nossos piedosos industriais, enquanto na verdade sua motivação é fornecer trabalho para os operários, que não podem se resignar a viver de braços cruzados. Essas falsificações têm como único motivo um sentimento humanitário, mas trazem excelentes lucros para os industriais que as criam. Ao mesmo tempo em que são desastrosas para a qualidade das mercadorias, também são uma fonte inesgotável de desperdício do trabalho humano, provando a engenhosidade filantrópica dos burgueses e a horrível perversão dos operários que, para satisfazer seu vício pelo trabalho, obrigam os industriais a silenciar os gritos de suas consciências e até mesmo a violar as leis da honestidade comercial.

Ainda assim, apesar da superprodução das mercadorias, apesar das falsificações industriais, os operários entulham o mercado desmesuradamente, implorando por trabalho, mais trabalho! Sua superabundância deveria obrigá-los a frear sua paixão, mas, ao contrário, leva-os ao paroxismo. Se há uma oportunidade de trabalho, atiram-se sobre ela. Exigem então doze ou quatorze horas de trabalho para satisfazer-se e, no dia seguinte, estão de novo jogados nas calçadas, sem nada mais para alimentar seus vícios. Todos os anos, em todos os ramos da indústria, as crises de desemprego retornam com a regularidade das estações. O trabalho excessivo, mortal para o corpo, é substituído pelo descanso absoluto, durante dois a quatro meses. Mas sem trabalho não há comida.

Uma vez que o vício do trabalho está diabolicamente encravado no coração dos operários; uma vez que a quantidade de trabalho que a sociedade requer é necessariamente limitada pelo consumo e pela abundância de matérias-primas, por que devorar em seis meses o trabalho de um ano? Por que não distribuí-lo uniformemente pelos doze meses, forçando todos os operários a contentar-se com seis ou cinco horas por dia durante o ano, em vez de terem uma indigestão de doze horas durante seis meses? Seguros de sua porção diária de trabalho, os operários não terão mais inveja uns dos outros, não brigarão mais para tirar o trabalho e o pão da boca do próximo. Assim, não estando com corpo e mente esgotados, começarão a praticar as virtudes da preguiça.

Embrutecidos por seu vício, os operários não conseguiram compreender que, a fim de que haja trabalho para todos, seria preciso racioná-lo como se raciona a água em um naufrágio. Enquanto isso, os industriais, em nome da exploração capitalista, há muito tempo pedem uma limitação legal da jornada de trabalho. Diante da Comissão para o Ensino Profissional de 1860, um dos maiores manufatureiros da Alsácia, Bourcart, de Guebwiller, declarou:

"[...] que a jornada de doze horas era excessiva e deveria ser reduzida a onze horas, assim como o trabalho deveria ser suspenso às 14 horas aos sábados. Posso aconselhar a adoção dessa medida, ainda que pareça custosa à primeira vista. Há quatro anos nós a pusemos em prática em nossos estabelecimentos industriais e temos tido sucesso. A produção média, em vez de diminuir, aumentou."

Em seu estudo sobre as máquinas, F. Passy cita a seguinte carta de um grande industrial belga, M. Ottavaere:

"Nossas máquinas, apesar de serem as mesmas usadas nas manufaturas inglesas, não conseguem produzir tão bem quanto deveriam, nem produzem tanto quanto na Inglaterra, embora lá as fábricas funcionem duas horas a menos por dia. [...] Nós estamos todos trabalhando duas horas a mais, e tenho a certeza de que, se trabalhássemos apenas onze horas, em vez de treze, teríamos a mesma produção de forma mais econômica."

Por sua vez, M. Leroy-Beaulieu afirma em seu livro *A Questão Operária no Século XIX* que "um grande manufatureiro belga observou que nas semanas em que há um feriado a produção não é inferior à das semanas normais".

Aquilo que o povo, aprisionado em sua simplicidade pelos moralistas, nunca ousou fazer foi feito por um governo aristocrático. Desprezando as altas considerações morais e industriais dos economistas, que, assim como as aves de mau agouro, acreditavam que reduzir em uma hora o trabalho nas fábricas seria decretar a ruína da indústria inglesa, o governo da Inglaterra proibiu, através de uma lei, estritamente seguida, que se trabalhe mais de dez horas por dia. Ainda assim, a

Inglaterra continua a ser a primeira nação industrial do mundo.

A grande experiência inglesa, a experiência de alguns capitalistas inteligentes está aí, demonstrando irrefutavelmente que, para potencializar a produtividade humana, é necessário reduzir as horas de trabalho e multiplicar os feriados. Ainda assim o povo francês não se convenceu disso. Mas, se uma mísera redução de duas horas aumentou a produção inglesa em quase um terço ao longo de dez anos, que ritmo vertiginoso não traria à produção francesa uma redução legal da jornada de trabalho para três horas? Será possível que os operários não compreendam que, sobrecarregando-se de trabalho, esgotam suas forças e as de seus filhos? Que, esgotados, tornam-se inválidos antes do tempo? Que, absorvidos, embrutecidos por um único vício, não são mais homens, apenas pedaços de homens? Que matam em si mesmos todas as belas faculdades, deixando de pé apenas, luxuriante, a loucura furibunda do trabalho?

Repetem a lição dos economistas como papagaios: "Trabalhemos, trabalhemos para aumentar a riqueza nacional." Que idiotas! É justamente porque vocês trabalham demais que o aparato industrial se desenvolve lentamente. Parem de berrar e ouçam L. Reybaud, um economista que nada tem de genial. Em seu livro, *O Algodão, Seu Regime, Seus Problemas,* ele afirma:

,"Em geral são as condições da mão-de-obra que determinam a revolução nos métodos de trabalho. Enquanto a mão-de-obra fornecer seus serviços a um preço baixo, será desperdiçada. Procura-se poupá-la quando seus serviços se tornam mais caros."

A fim de forçar os capitalistas a aperfeiçoar suas máquinas de madeira e ferro, é preciso aumentar os salários e diminuir as horas de trabalho das máquinas de carne e osso. Como provar isso? Há centenas de provas. Na tecelagem, a máquina de rebobinar foi inventada e aplicada em Manchester porque os fiadores se recusavam a trabalhar tanto tempo quanto antes.

Na América, a máquina invadiu todos os ramos da produção agrícola, desde a fabricação da manteiga até a sachadura do trigo. Por quê? Porque o americano, livre e preguiçoso, preferia morrer mil vezes do que levar a vida bovina do camponês francês. O trabalho do campo, tão penoso em nossa gloriosa França, tão rico em espinhas curvadas, no Oeste americano é um agradável passatempo ao ar livre que as pessoas executam sentadas, fumando despreocupadamente seus cachimbos.

Uma Nova Canção para um Novo Tempo

Se com a redução das horas de trabalho novas forças mecânicas forem conquistadas para a produção social, da mesma forma, ao obrigar os trabalhadores a consumir seus produtos, seria conquistado um imenso exército de forças de trabalho. A burguesia, liberada de sua tarefa de consumidora universal, irá rapidamente demitir a horda de soldados, magistrados, cabeleireiros, proxenetas, etc. que retirou do trabalho útil para ajudá-la a consumir e a desperdiçar.

Nesse momento o mercado de trabalho irá transbordar, se tornará necessária uma lei de ferro para regulamentar o trabalho, pois será impossível encontrar uma ocupação para esse enxame de pessoas improdutivas, mais numerosas que os piolhos dos bois. E depois deles será preciso pensar em todos aqueles que proviam suas necessidades e seus gostos fúteis e dispendiosos.

Quando não houver mais lacaios e generais para condecorar, quando não houver prostitutas e esposas para cobrir com rendas, nem canhões a forjar, nem palácios a construir, então serão necessárias leis severas para impor ao operariado de passamanarias, rendas, ferro, construção que se dediquem aos esportes higienizadores e aos exercícios coreográficos para restabelecer sua saúde e aperfeiçoar a raça.

No momento em que os produtos europeus forem consumidos em seus locais de produção, e não transportados aos confins do mundo, será necessário que os marinheiros, as equipagens e os caminhoneiros se sentem e aprendam a ficar de braços cruzados. Os felizes polinésios poderão então dedicar-se ao amor livre sem temer os pontapés da Vênus civilizada e os sermões da moral européia.

Ainda tem mais. Para encontrar trabalho para todos os inúteis da sociedade atual, e para deixar o aparato industrial se desenvolver infinitamente, a classe operária deverá, tal como a burguesia, violentar seu gosto pela abstinência e desenvolver infinitamente sua capacidade de consumo. Em vez de comer apenas cinqüenta ou cem gramas de carne de segunda, passará a comer belos filés de quinhentas gramas ou um quilo. Em vez de beber moderadamente um vinho ruim, irá consumir em grandes goles vinhos de Bordeaux ou Bourgogne, sem aditivos industriais, deixando a água para os animais.

Os proletários enfiaram na cabeça que têm que infligir aos capitalistas dez horas por dia na fornalha ou refinaria. Este é um grande engano, a causa dos antagonismos sociais e das guerras civis. Será preciso impedir, e não impor o trabalho. Os Rothschild e os Say serão convocados a provar que, durante toda a sua vida, foram grandes vagabundos. E se jurarem que desejam continuar a viver como completos vagabundos, apesar da propensão geral para o trabalho, serão colocados à parte e passarão a receber do governo, todas as manhãs, uma moeda de vinte francos para seus pequenos prazeres. As discórdias sociais desaparecerão. Os usurários e os capitalistas serão os primeiros a aliar-se ao partido popular, uma vez convencidos de que, longe de lhes querer mal, o que se deseja é libertá-los desse trabalho que é o consumo excessivo e o desperdício, fardo que carregam desde seu nascimento. Quanto aos burgueses incapazes de provar seus títulos de vagabundagem, deverão seguir seus instintos: há um número suficiente de trabalhos repulsivos para repartir entre eles.

No entanto, será dura e prolongada a vingança contra os moralistas que perverteram a natureza humana, contra os beatos, os hipócritas "e outras seitas de pessoas que se disfarçaram para melhor enganar o mundo. Pois dão a entender ao povo que estão sempre entregues à contemplação e à devoção, jejuando e macerando a sensualidade, fazendo apenas o suficiente para sustentar e alimentar a pequenez e fragilidade de sua natureza humana. Mas, pelo contrário, e Deus sabe como! Em seus focinhos vermelhos e barrigas estufadas está escrito em letras maiúsculas com iluminuras que eles imitam Cúrio, mas vivem em bacanais".[5]

Nos dias de grande alegria para o povo quando os comunistas e os coletivistas fizerem desaparecer as garrafas, correr os presuntos e voar os copos, os membros da Academia de Ciências Morais e Políticas, os sacerdotes de batina comprida ou curta da igreja econômica, católica, protestante, judaica, positivista e livre-pensadora, os propagadores do malthusianismo e da moral cristã, altruísta, independente ou submissa, vestidos de amarelo, ficarão segurando velas até queimar seus dedos e viverão esfaimados ao lado de mulheres gaulesas e de mesas cheias de carnes, frutas e flores, e morrerão de sede ao lado de tonéis que transbordam. Quatro vezes por ano, na mudança das estações, como os cães dos amoladores, serão trancafiados em grandes rodas e durante dez horas moerão vento. Advogados e legisladores sofrerão a mesma pena.

No regime da preguiça, para matar o tempo que nos mata a cada segundo, haverá sempre espetáculos e representações teatrais. São bons trabalhos para nossos burgueses legisladores. Formarão grupos que percorrerão feiras e aldeias, fazendo representações legislativas.

No palanque virá primeiro a Farsa Eleitoral.

Diante dos eleitores de cabeças ocas e orelhas de asno, os candidatos burgueses, vestidos como palhaços, dançarão a dança das liberdades políticas, limpando a face e o posfácio com seus programas eleitorais cheios de promessas, falando com lágrimas nos olhos sobre as misérias do povo e, com voz de trovão, sobre as glórias da França. E os eleitores zurrarão em coro, em alto e bom tom.

Depois começará a peça principal: *O Roubo dos Bens da Nação*.

A França capitalista, enorme fêmea de rosto barbado e cabeça careca, deformada, carnes flácidas, carcomidas, olhos opacos, sonolenta e bocejante, repousa em um canapé de veludo. A seus pés, o Capitalismo Industrial, mascarado de símio, devora mecanicamente homens, mulheres, crianças, cujos gritos lúgubres e dilacerantes enchem o ar. O Banco, com focinho de fuinha, corpo de hiena e mãos de harpia, rapidamente rouba de seu bolso moedas de cem. Hordas de miseráveis proletários descarnados, em farrapos, escoltados por policiais brandindo espadas, caçados pelas fúrias que os atingem com os chicotes da fome, trazem aos pés da França capitalista montes de mercadorias, barricas de vinho, sacos de ouro e trigo.

Uma vez que os fardos tenham sido entregues, os operários são expulsos com coronhadas e golpes de baionetas e, depois, as portas são abertas para os industriais, comerciantes e banqueiros. Estes se jogam sobre a pilha, engolindo tecidos, sacos de trigo, lingotes de ouro, esvaziando barricas. Não agüentando mais nada, sujos, nojentos, deitam-se em meio à sua própria sujeira e seus vômitos... Então soa o trovão, a terra treme e se abre, a Fatalidade histórica surge. Com seus pés de ferro, esmaga a cabeça daqueles que soluçam, titubeiam, caem e não conseguem mais fugir, e com sua enorme mão derruba a França capitalista, atônita e suando de medo.

Se, removendo de seu coração o vício que a domina e que avilta sua natureza, a classe trabalhadora se levantasse com sua enorme força, não para exigir os Direitos do Homem, que são apenas os direitos da exploração capitalista, nem para reivindicar o Direito ao Trabalho, que não passa do direito à miséria, mas sim para forjar uma lei implacável que proíba a todos mais do que três horas de trabalho diário, a velha Terra, tremendo de alegria, sentiria um novo universo surgir dentro de si... Mas como exigir uma decisão viril de um proletariado corrompido pela moral capitalista?

Como Cristo, a dolente personificação da escravidão antiga, os homens, mulheres e crianças do proletariado sofrem penosamente, há um século, o duro calvário da dor. Há um século o trabalho forçado quebra seus ossos, fere sua carne, esmaga seus nervos. Há um século a fome retorce suas entranhas e alucina suas mentes!... Preguiça, tenha piedade de nossa longa miséria! Preguiça, mãe das artes e das virtudes nobres, seja o bálsamo das angústias humanas!

Apêndice

Nossos moralistas são muito modestos. Inventaram o dogma do trabalho, mas duvidam de sua eficiência para tranqüilizar a alma, alegrar o espírito e cuidar do bom funcionamento dos rins e de outros órgãos. Querem experimentar seu uso na população, *in anima vili,* antes de voltá-lo contra os capitalistas, cujos vícios devem justificar e autorizar.

Mas, prezados filósofos de meia pataca, por que vocês estão quebrando a cabeça elucubrando uma moral cuja prática não ousariam aconselhar a seus mestres? Querem ver o dogma do trabalho, do qual se orgulham tanto, ridicularizado, aviltado? Vejamos a história dos povos antigos e os escritos de seus filósofos e legisladores.

"Não saberia afirmar" – diz Heródoto, o pai da História – "se os gregos herdaram dos egípcios o desprezo pelo trabalho, porque encontrei o mesmo desprezo entre trácios, citas, persas e lídios. Em suma, porque, na maioria dos povos bárbaros, aqueles que aprendem o artesanato mecânico, e mesmo seus filhos, são olhados como cidadãos de última classe. Todos os gregos foram educados segundo estes princípios, sobretudo os lacedemonianos."

"Em Atenas, os cidadãos eram verdadeiros nobres, que deviam ocupar-se apenas da defesa e da administração da comunidade, assim como faziam os guerreiros selvagens dos quais descendiam. Encarregavam os escravos do trabalho para que, no interesse da república, seu tempo ficasse livre para cuidarem do intelecto e do corpo. Assim, na Lacedemônia nem mesmo as mulheres fiavam ou teciam para não manchar sua nobreza."

É Biot em *Da Abolição da Escravidão Antiga no Ocidente,* de 1840, quem nos diz: "Em Atenas, os cidadãos eram verdadeiros nobres, que deviam ocupar-se apenas da defesa e da administração da comunidade, assim como faziam os guerreiros selvagens dos quais descendiam. Encarregavam os escravos do trabalho para que, no interesse da república, seu tempo ficasse livre para cuidarem do intelecto e do corpo. Assim, na Lacedemônia nem mesmo as mulheres fiavam ou teciam, para não manchar sua nobreza."

Os romanos só conheciam duas ocupações nobres e livres, a agricultura e as armas. Todos os cidadãos viviam, por direito, às custas do Tesouro, não podendo ser obrigados a prover seu sustento por meio das sórdidas artes, nome que davam às profissões. Estas pertenciam, por direito, aos escravos. Brutus, o antigo, a fim de incitar o povo, acusou Tarqüínio, o Tirano, de haver transformado cidadãos livres em artesãos e pedreiros·.

Segundo Platão, em *A República,*"a natureza, em sua utopia social, em sua república-modelo, não criou sapateiros ou ferreiros, pois tais ocupações degradam as pessoas que as exercem, miseráveis inomináveis, que por sua própria condição se vêem excluídos dos direitos políticos. Quanto aos comerciantes acostumados a mentir e enganar, serão suportados na cidade apenas por serem um mal necessário. O cidadão que se aviltar pelo comércio das lojas será processado por esse delito. Se for culpado, será condenado a um ano de prisão. A punição dobrará a cada reincidência."

Em sua *Economia,* Xenofonte escreve: "Jamais são atribuídas altas responsabilidades às pessoas que fazem trabalhos manuais, e com razão. A maioria delas, condenadas a permanecer sentadas durante o dia inteiro, sendo que algumas ficam continuamente frente ao fogo, não podem deixar de sofrer alterações no corpo e é muito difícil que o espírito não se ressinta disso."

"O que pode haver de honroso em uma loja?" – pergunta Cícero em *Dos Deveres*. "O que o comércio pode produzir que seja honesto? Todas as lojas são indignas de um homem honesto [...], pois os comerciantes só obtêm lucro ao mentir, e não há nada mais vergonhoso do que a mentira! Portanto, a ocupação de todos os que vendem seu trabalho e arte deve ser olhada como algo baixo e vil, pois aqueles que trocam trabalho por dinheiro vendem-se e colocam-se no mesmo nível que os escravos."

Proletários, embrutecidos pelo dogma do trabalho, escutem a linguagem desses filósofos, que são cuidadosa e ciumentamente ocultados de vocês. Um cidadão que dá seu trabalho por dinheiro se degrada, torna-se escravo. Comete um crime que merece anos de prisão.

A hipocrisia cristã e o utilitarismo capitalista não perverteram esses filósofos das repúblicas antigas. Pronunciando-se para homens livres, eles expressavam abertamente seus pensamentos. Platão, Aristóteles, esses pensadores gigantes, queriam que os cidadãos de suas repúblicas ideais vivessem no maior ócio possível, pois, acrescenta Xenofonte, "o trabalho retira todo o tempo e não dá lugar para a república e os amigos". Segundo Plutarco, o grande mérito de Licurgo, "o mais sábio dos homens", admirado pela posteridade, foi o de ter proporcionado condições de lazer aos cidadãos da república, proibindo-os de ter qualquer profissão".

Mas Bastiat, Dupanloup, Beaulieu e toda a companhia da moral cristã e capitalista responderão que esses filósofos e pensadores defendiam a escravidão. Sim, é verdade, mas como poderia ser diferente, dadas as condições políticas e econômicas da época? A guerra era o estado normal das sociedades antigas, os homens livres deviam consagrar seu tempo à discussão dos negócios do Estado e à sua defesa. As profissões eram então muito primitivas e grosseiras para que seus praticantes pudessem exercer, ao mesmo tempo, sua função de soldado ou cidadão. Para que houvesse soldados e cidadãos, os filósofos e legisladores precisavam tolerar os escravos nas repúblicas dos tempos heróicos. Mas os moralistas e economistas do capitalismo não defendem o trabalho assalariado, que é a escravidão moderna? E a quem a escravidão capitalista oferece lazer? Aos Rothschild, aos Schneider, às senhoras da melhor sociedade, todos, inúteis e nocivos, escravos dos vícios e dos empregados.

"O preconceito da escravidão dominava o espírito de Pitágoras e Aristóteles", escreveu-se com desdém. No entanto, Aristóteles previa que, "se cada ferramenta pudesse trabalhar sozinha, assim como as obras de arte de Dédalo[6] moviam-se por conta própria, ou como os trípodes[7] de Vulcano executavam espontaneamente seu trabalho sagrado; se, por exemplo, as navetas tecessem por conta própria, então os contramestres não precisariam de ajudantes e o senhor não precisaria de escravos."

O sonho de Aristóteles é nossa realidade. Nossas máquinas a vapor, com mecanismos de aço incansáveis, maravilhosamente fecundas, inesgotáveis, realizam por si mesmas seu trabalho sagrado. No entanto, a mente dos grandes filósofos do capitalismo continua dominada pelo preconceito do trabalho assalariado, a pior das escravidões. Ainda não entendem que a máquina é a redentora da humanidade, o Deus que resgatará o homem das sórdidas artes e do trabalho assalariado, o Deus que lhe trará o lazer e a liberdade.

---

1 ~ *Descartes*. "Les passions de l'âme".

2 ~ Durante o primeiro congresso para o bem-estar, realizado Bruxelas em 1857, o Sr. Scives, um dos mais ricos industriais de Marquette, cidade próxima a Lille, era aplaudido pelos membros do congresso enquanto contava, com a mais nobre satisfação de quem cumpriu um dever: "Introduzimos algumas distrações para as crianças. Nós as ensinamos a cantar e também a contar enquanto trabalham. Isso as distrai e faz com que aceitem corajosamente as doze horas de trabalho que precisam executar para garantir sua subsistência." Doze horas de trabalho, e que trabalho!, impostas a crianças com menos de doze anos! Os materialistas lamentarão para sempre não haver um inferno para lá enfurnar esses cristãos e filantropos, algozes da infância!

3 ~ *L.-R. Villermé*. Quadro do estado físico e moral dos operários nas fábricas de algodão, de lã e de seda, 1840.

4 ~ Os índios das tribos belicosas do Brasil matam seus doentes e seus velhos. Demonstram sua amizade dando fim a uma vida que não pode mais se alegrar com os combates, as festas e as danças. Todos os povos primitivos deram aos seus estas demonstrações de afeto: os massagetas do mar Cáspio (Heródoto), assim como os *wens* da Alemanha e os celtas da Gália. Nas igrejas da Suécia, até pouco tempo, eram conservadas as maças familiares, que serviam para livrar os parentes da velhice. Quão degenerados são os proletariados modernos para agüentar pacientemente as horríveis misérias do trabalho nas fábricas!

5 ~ *Pantagruel*, t. II, cap. LXXIV.

6 ~ Dédalo, autor do famoso labirinto, pai de Ícaro e construtor das primeiras asas.

7 ~ O trípode é um assento de três pés onde se sentava a sacerdotisa de Delfos.

De Domenico De Masi, leia também:

O Ócio Criativo

Atento ao crescente interesse de um público mais amplo em seus conceitos e sua visão do futuro, De Masi elabora de forma acessível neste livro os temas da sociedade pós-industrial, do desenvolvimento sem emprego, da globalização, da criatividade e do tempo livre.

Insatisfeito com o modelo centrado na idolatria do trabalho, ele propõe um novo modelo baseado na simultaneidade entre o trabalho, estudo e lazer, no qual os indivíduos são educados a privilegiar a satisfação de necessidades radicais, como a introspecção, a amizade, o amor, as atividades lúdicas e a convivência.

Segundo De Masi, "o ócio pode transformar-se em violência, neurose, vício e preguiça, mas pode também elevar-se para a arte, a criatividade e a liberdade. É no tempo livre que passamos a maior parte de nossos dias e é nele que devemos concentrar nossas potencialidades".

Coleção Para Ler na Rede

Para receber informações sobre os próximos títulos da coleção dirigida por Domenico De Masi, bem como sobre a organização de palestras e seminários no Brasil, favor entar em contato com:

EDITORA SEXTANTE
Av. Nilo Peçanha, 155 – Gr. 301 – Centro
20020-100 – Rio de Janeiro – RJ
Tel.: (21) 524-6760 – Fax: (21) 524-6755
DDG: 0800-22-6306 (ligação gratuita)
E-mail: atendimento@esextante.com.br
www.esextante.com.br

Conheça outros títulos da Editora Sextante

De Sua Santidade, o Dalai-Lama:

Minha Terra e Meu Povo

A autobiografia de Sua Santidade, o Dalai-Lama
(lançamento em maio de 2001)

O Caminho da Tranqüilidade

"Este livro inclui citações cotidianas selecionadas de meus próprios escritos e de trabalhos de minha autoria já publicados. Com toda a humildade, rezo para que os leitores possam encontrar nestas palavras alguma inspiração para desenvolver aquela generosa paz de espírito que é a chave da felicidade duradoura."

Sua Santidade, o Dalai-Lama

Uma Ética para o Novo Milênio

"Quanto mais coisas vejo no mundo, mais claro fica para mim que, sejamos ricos ou pobres, instruídos ou não, todos desejamos ser felizes e evitar os sofrimentos.

Constato que, de modo geral, as pessoas cuja conduta é eticamente positiva são mais felizes e satisfeitas do que aquelas que se descuidam da ética.

Tentarei mostrar neste livro o que quero dizer com a expressão 'conduta ética positiva'."

Sua Santidade, o Dalai-Lama

De Mitch Albom:
A Última Grande Lição

Cada um de nós teve na juventude uma figura especial que, com paciência e sabedoria, nos ajudou a descobrir dimensões mais profundas e a escolher nossos caminhos com maior liberdade.

Um dos maiores fenômenos editoriais dos últimos anos, este livro conta a real e comovente história do reencontro do autor com seu velho e querido professor para tratar dos temas fundamentais da vida.

De Lawrence Katz e Manning Rubin:
Mantenha o Seu Cérebro Vivo

Você tem mais de 30 anos?

Anda esquecido?

Tem dificuldade para aprender coisas novas?

Queremos então apresentar-lhe a Neuróbica, um extraordinário programa de exercícios para o cérebro, baseado nas últimas pesquisas da neurociência. Não se trata de acrescentar novas atividades à sua rotina, mas de fazer de forma diferente o que você realiza diariamente.

Esses exercícios ajudam a estimular a produção de nutrientes que desenvolvem as células do cérebro, tornando-o mais jovem e forte, e podem ser realizados em qualquer lugar, a qualquer hora.

O resultado: uma mente capacitada a enfrentar qualquer desafio, quer seja lembrar um nome, aprender um novo programa de computador, ou permanecer criativo no trabalho e em todos os setores de sua vida.

De Leonardo Boff:

Tempo de Transcendência

"Creio que a transcendência é talvez o desafio mais secreto e escondido do ser humano. Ele se recusa a aceitar a realidade na qual está mergulhado porque se sente maior do que tudo o que o cerca.

Com seu pensamento, ele habita as estrelas e rompe todos os espaços. Essa capacidade é o que nós chamamos de *transcendência*, isto é, transcende, rompe, vai para além daquilo que é dado. Numa palavra, eu diria que o ser humano é um projeto infinito."

Inclui CD com palestra do autor.

De David Kundzt:

A Essencial Arte de Parar

"Este livro é um instrumento elegante e poderoso para encontrar serenidade e placidez em nossas vidas atarefadas."

Richard Carlson, autor de
Não Faça Tempestade em Copo d'Água

Se é isto o que você quer, este livro vai lhe ensinar três formas de parar e como cada uma delas é adequada a um momento diferente da vida. Através delas, você ficará mais desperto e capaz de escolher o que é melhor para você.

Se os outros métodos a que você recorreu para reduzir o ritmo eram complicados, pode ter certeza de que as sugestões deste livro vão lhe ajudar muito.

De Sharon Lebell:
A Arte de Viver

Como viver uma vida plena, significativa e feliz? Como ser ao mesmo tempo uma pessoa digna e eficiente?

As respostas a estas perguntas foram dadas com apaixonada simplicidade por Epicteto, o filósofo romano nascido por volta do ano 55 d. C. Os noventa e três pensamentos que formam este livro apresentam uma filosofia de liberdade e tranqüilidade interiores, combinando felicidade e virtude.

De Oriah Mountain Dreamer:
O Convite

Não me interessa saber como você ganha a vida.
Quero saber o que mais deseja e se ousa sonhar
em satisfazer os anseios do seu coração.
Não me interessa saber sua idade.
Quero saber se você correria o risco de
parecer tolo por amor, pelo seu sonho,
pela aventura de estar vivo. (...)

"*O Convite* é uma declaração de intenções, um mapeamento dos anseios da alma, do desejo de viver apaixonadamente, cada um cara a cara consigo mesmo e com a pele colada ao mundo que nos cerca."

Oriah Mountain Dreamer

Divulgado pela Internet, lido em palestras e conferências, *O Convite* tornou-se conhecido no mundo inteiro por sua capacidade de inspirar a viver com autenticidade e alegria.

Conheça também os seguintes títulos da Editora Sextante

De Bradley Trevor Greive

– Um Dia "Daqueles" – Uma lição de vida para levantar o seu astral

De Jack Canfield, Mark Victor Hansen & Heather McNamara

– Histórias para Aquecer o Coração

De Gavin de Becker

– Como Proteger Seus Filhos

De James Van Praagh

– A Força da Vida

De Tom Shroder

– Almas Antigas

De Sylvia Browne

– O Outro Lado da Vida

De Sua Santidade, o Dalai-Lama

– Palavras de Sabedoria

De Allan & Barbara Pease

– Por que os Homens Fazem Sexo e as Mulheres Fazem Amor

De Shirley MacLaine

– O Caminho – Uma jornada do espírito

De Leonardo Boff

– A Oração de São Francisco

De Iyanla Vanzant

– Enquanto o Amor Não Vem
– Um Dia Minha Alma se Abriu por Inteiro
– Ontem, Eu Chorei

De Daniel Goleman

– A Arte da Meditação (acompanha CD com exercícios de meditação)

De Richard Bode
– Velejando com a Vida

De Salle Redfield
– Descobrindo a Alegria de Viver (acompanha CD com exercícios de meditação)
– Meditações Celestinas (acompanha CD com exercícios de meditação)

De Yana Parker
– Como Fazer um Excelente Currículo

De Louise Hay
– Meditações para a Manhã e para a Noite (acompanha CD com exercícios de meditação)
– Meditações para a Saúde do Corpo e da Mente (acompanha CD com exercícios de meditação)

De Carol Bowman
– Crianças e Suas Vidas Passadas

De Richard Bolles
– Como Conseguir um Emprego e Descobrir a Sua Profissão Ideal

De Elizabeth Kübler-Ross
– A Roda da Vida – Memórias do viver e do morrer

De Yitta Halberstam & Judith Leventhal
– Pequenos Milagres

De Patch Adams
– O Amor É Contagioso

De Richard Carlson & Benjamin Shield
– Os Caminhos do Coração

De Morrie Schwartz
– Lições sobre Amar e Viver

De Neale Donald Walsch
– Uma Amizade com Deus – Um diálogo incomum

INFORMAÇÕES SOBRE OS PRÓXIMOS LANÇAMENTOS

Para receber informações sobre os próximos lançamentos da Editora Sextante, queira entrar em contato com nossa Central de Atendimento, dando seu nome, endereço e telefone para:

EDITORA SEXTANTE
Av. Nilo Peçanha, 155 – Gr. 301 – Centro
20020-100 – Rio de Janeiro – RJ
Tel.: (21) 524-6760 – Fax: (21) 524-6755
DDG: 0800-22-6306 (ligação gratuita)
E-mail: atendimento@esextante.com.br

Para saber mais sobre nossos títulos e autores, e enviar seus comentários sobre este livro, visite o nosso site:

www.esextante.com.br